企业税务管理与风险规避研究

黄丽明 ◎著

中国商务出版社
CHINA COMMERCE AND TRADE PRESS

图书在版编目（CIP）数据

企业税务管理与风险规避研究 ／ 黄丽明著. -- 北京：
中国商务出版社，2022.10
　　ISBN 978-7-5103-4433-6

　　Ⅰ．①企… Ⅱ．①黄… Ⅲ．①企业管理－税收管理－
风险管理－研究－中国 Ⅳ．①F812.423

中国版本图书馆CIP数据核字(2022)第180661号

企业税务管理与风险规避研究

QIYE SHUIWU GUANLI YU FENGXIAN GUIBI YANJIU

黄丽明　著

出　　　版：中国商务出版社
地　　　址：北京市东城区安外东后巷28号　　邮　编：100710
责任部门：教育事业部（010-64283818）
责任编辑：刘姝辰
直销客服：010-64283818
总 发 行：中国商务出版社发行部 （010-64208388　64515150 ）
网购零售：中国商务出版社淘宝店 （010-64286917）
网　　　址：http://www.cctpress.com
网　　　店：https://shop162373850.taobao.com
邮　　　箱：347675974@qq.com
印　　　刷：北京四海锦诚印刷技术有限公司
开　　　本：787毫米×1092毫米　1/16
印　　　张：11　　　　　　　　　　　　　字　数：227千字
版　　　次：2023年7月第1版　　　　　　　印　次：2023年7月第1次印刷
书　　　号：ISBN 978-7-5103-4433-6
定　　　价：73.00元

前　言

　　税收是国家凭借公共权力强制取得的财政收入，是国家参与国民收入分配的重要形式，对于社会公共事业的发展以及社会经济的正常运转具有不可替代的意义。随着我国社会经济的快速发展，税收制度与国际惯例逐步接轨，企业税务管理日益成熟起来，企业税务管理与风险规避的研究，对企业内外部都有着重要的现实意义。企业通过开展税务管理，可以加强企业的纳税行为管理，提高企业的纳税遵从度；降低企业的税务成本，提高企业的获利能力；有效防范企业税务风险，促进企业的良性发展。

　　在企业经营管理中，税务风险是企业财务管理的重要组成部分，其对企业内部管理及外部国家法律法规等方面都有很大影响，一旦遭遇税务风险，成本与代价都会很高。因此，企业应当使用合适的会计规避方法来降低税务风险。企业管理者首先应该明确什么是税务风险，剖析企业税务风险的成因，熟悉企业发生税务风险时应该采取的有效措施，只有深度了解企业发展状态，深刻了解企业所有可能面临的税务风险，才能建立与税务风险相匹配的企业风险控制机制，从而达到企业税务风险有效控制和会计规避的目的。本书从税收基础理论和管理理论入手，展开介绍企业内部的纳税争讼管理和筹划管理，旨在对企业税务管理进行初步了解。随后以税务风险为基础，详细论述企业税务风险和税务风险规避的内容，全文层次鲜明，逻辑严谨，希望能为同一方向的研究者提供参考。

　　在本书的撰写过程中，作者借鉴了许多专家、学者的观点，参考了大量文献资料，在此谨向他们表达最衷心的感谢。由于作者学识有限、书中纰漏与错误之处在所难免，敬请广大专家、读者批评指正。

目 录

1

第一章　税收基础理论

第一节　税收概念

一、税收的产生

（一）税收产生的条件

一般认为，税收的产生取决于相互制约的两个条件。

l.国家的产生和存在

国家的产生和存在是税收产生的前提条件，同税收的产生有着本质的联系。因为税收是国家实现其职能的物质基础，只有出现了国家之后，才有为满足国家政权行使职能而征税的客观需要。税收是以国家为主体，以国家政治权力为依据的特定分配，只有产生了国家才有课征税收的主体，也才有课征税收的依据，从而使税收的产生成为可能。

2.私有财产制的存在和发展

私有财产制的存在和发展是税收产生的经济条件。私有财产制度的出现同税收的产生有着直接的必然联系。税收是凭借国家政治权力而不是财产权力的分配形式，只有社会上存在私有财产制度，而国家又需要将一部分不属于自己所有或不直接支配使用的收入转变为国家所有的情况下，才有必要采取税收这种强制性方式。可以说，税收是国家对私有财产行使支配权的表现，也是对私有财产的一种"侵犯"。因此，只有社会上存在私有财产制度这样的经济条件，税收才会产生。

（二）税收产生的过程

1. 雏形阶段

税收的雏形阶段即夏商周时期的"贡助彻"。我国第一个国家——夏代出现以后，即产生了贡法。一般认为，夏代的贡是夏代王室对其所属部落及本国平民的土特产品和土地的一种强制课征。

贡分为两种：一是与主从关系有关的土贡，由王室向其所属部落及用武力征服部落的强制征收，贡品一般为当年的土特产品。商代、周代的土贡分为九类，称为"九贡"，贡品包括牲畜、丝织品、用器用具、珠宝和珍品等。二是与耕种土地相联系的贡，即平民耕种土地向国王纳贡。一般是根据土地若干年的收获量定出一个平均数，按其抽取一定的比例。

到了商代，贡法演变为助法。助法是借助平民公田的力役课征，即在井田制度下，八家平民在各自私田的基础上来共同耕种公田，公田上的收获全部归王室所有。因此，助法是属于力役形式的纳税。

到了周代，助法又演变为彻法。彻法是按亩征收实物的课税制度，即每户平民耕种的土地要按产量的一定比例缴纳给王室。彻法按土地数量进行课征，比贡法和助法有了很大的进步。

此外，对商业和手工业征收"关市之赋""山泽之赋"，即对经过关卡或上市交易的物品，以及伐木、采矿、狩猎、捕鱼、煮盐等进行征税，这是我国最早出现的工商税收。

2. 成熟阶段

税收的成熟阶段即春秋时期鲁国的"初税亩"。春秋时期是我国奴隶社会向封建社会的转变时期，为适应这一历史转变，税收制度也发生了巨大的变革，尤以鲁国的改革最为突出。为了增加财政收入和抑制开垦私田，鲁国鲁宣公十五年（公元前 594）开始对井田以外的私田征税，宣布不论公田和私田一律按亩征税，史称"初税亩"。征收的比例基本上为 1/10，又称"什一税"。实行初税亩以后，土地所有者只要纳税，全部收获可以归自己支配。

初税亩顺应了土地私有制这一必然发展趋势，这是历史上一项重大的经济改革，也是我国农业税制从雏形阶段进入成熟时期的标志。

二、税收的含义

税收是国家凭借其政治权力，强制、无偿地参与国民收入分配所取得财政收入的一种手段。它是国家调控经济的重要杠杆。其含义主要包括以下几方面：

（一）税收的主体

税收的主体包括征税主体和纳税主体两方面。征税主体即指国家，我国代表国家行使税收权力的是国家立法机关、国务院、财政部、国家税务局和海关总署，以及各级财政机关、税务机关和海关，其中最主要的主体是各级税务机关。纳税主体即指经济组织、单位和个人。两者的基本关系是：征税主体凭借国家政治权力向纳税主体征税，前者始终处于主动地位，后者始终处于被动地位并依法服从前者。

（二）税收的依据

国家取得任何一种财政收入，总是要凭借国家的某种权力。如国家收取的贡物凭借的是统治者的权力，国家土地收入和国有企业利润收入凭借的是国家对土地和生产资料的所有权，特权收入凭借的是国家对山林、水流、矿藏等自然资源的所有权等。这些权力可概括为财产权力和政治权力，国家取得各种财政收入凭借的也是这两种权力，但税收凭借的只是政治权力，即税收的依据是国家政治权力。

（三）税收的范畴

从历史上看，税收是一个古老的历史范畴，是人类历史发展到一定阶段的产物。从经济上看，税收是体现征纳关系的经济活动，属于经济基础的范畴。从社会再生产上看，税收属于分配范畴，即国家征税的过程就是把一部分国民收入从纳税单位或个人手中转变为国家所有的分配过程；同时由于税收分配凭借的是国家政治权力，因而税收分配所体现的分配关系是一种特定的分配关系。

（四）税收的形态

从历史演变来看，税收的形态有力役、实物和货币。力役是中国历代历朝强制征收的劳役，为徭役形式之一，是税收的特殊形态。实物和货币尤其是货币为税收的主要形态，在奴隶社会和封建社会，税收以实物和力役形态为主；封建社会末期尤其是资本主义社会，税收形态从实物过渡到以货币为主，甚至全部采用货币征收形式。目前我国税收已全部采用货币形式。

三、税收的特征

税收的特征一般是指其形式特征，它是税收区别于其他财政收入方式的基本标志。税收的特征包括强制性、固定性和无偿性。

（一）强制性

强制性是指税收凭借国家政治权力，通过法律形式对国民收入进行的强制征收。负有纳税义务的单位和个人必须依法定的标准和期限来履行纳税义务，否则属于违法行为，应受到法律相应的处罚与制裁。

（二）固定性

固定性是指国家征税通过法律形式预先规定了征税范围、计税标准及征收比例或数额进行征收，且在一定时期内具有相对的稳定性。但税收的固定性也不是一成不变的，其随着经济发展或国家特定的需要，依法实施调整与修改。

（三）无偿性

无偿性是指国家向纳税人进行无须偿还的征收，即国家征税以后，税款为国家所有而不再归还给纳税人，也无须支付任何报酬。但在总体上，税收又具有间接的返还性。我国社会主义税收体现了"取之于民，用之于民"的基本特征。

税收的三个特征是统一的整体，是各种社会制度下的税收共性。只有同时具备这三个特征才是税收，否则就不是税收。

第二节　税收分类

税收分类是按一定标准把性质、内容、特点相同或相似的税种归为一类的方法。在税收体系中，按不同的标准可分成不同类型的税种。

一、征税对象标准的分类

按照税收规定的征税对象的不同，税收可分为流转税、所得税、资源税、财产税和行为目的税。

（一）流转税

流转税是指以货物流转额和劳务（或服务）收入额为课征对象的税收。如增值税、销售税、消费税、营业税和关税等。其特点是与商品生产、流通、消费有着密切的联系，不受成本费用的影响，而且收入具有"刚性"，有利于国家发挥对经济的宏观调控作用。流转税类为世界各国，尤为发展中国家所重视和运用。

（二）所得税

所得税是指以纳税单位和个人获取的各种所得或利润额为课征对象的税收。如各国对所得课征的个人所得税、企业所得税和社会保障税等。其特点是可直接调节纳税人的收入水平，发挥税收公平税负和调整分配关系的作用。所得税类为世界各国所普遍运用，尤其在市场经济发达和经济管理水平较高的国家更受重视。

（三）资源税

资源税是指以纳税人利用各种资源所获得的收入为课征对象的税收。可分为一般资源税与级差资源税，前者是对使用某种自然资源的单位和个人而征收的税收，如农业税和矿产税等；后者是根据使用的自然资源丰瘠和收入的多少，就其级差收入而征收的税收，如我国现行的资源税和土地增值税等。其特点是调节因自然资源或客观原因所形成的级差收入，将非经主观努力而形成的级差收入征为国家所有，避免资源浪费，保护和合理使用国家自然资源。资源税类一般针对利用自然资源（如土地、矿藏和森林等）、设备、资金、人才等资源所获收益或级差收入的征税需要而制定。

（四）财产税

财产税是指以纳税人拥有或支配的财产数量或价值为征税对象的税收。如房产税、车船税、遗产税和契税等。其特点是避免利用财产投机取巧和造成财产的闲置浪费，促进财产的节约和合理利用。因此，财产税法一般以课征财产富有者来平均社会财富，课征财产闲置者来促进合理使用为根本目的，同时为增加国家财政收入的需要而制定。

（五）行为目的税

行为目的税是指以某些特定行为及国家特定的政策目标为征税对象的税收。如特种行为消费税、博彩税、印花税、筵席税和固定资产投资方向调节税等。其特点是可选择面较大，设置和废止相对灵活，可以因时因地制定具体征管办法，有利于国家限制和引导某些特定行为而达到预期的目的。行为目的税法一般是国家为实现某些经济政策、限制特定行为，并达到一定目的而制定的。

二、税收其他标准的分类

（一）按税收地位为标准的分类

按税收地位进行划分，税收可分为主体税与辅助税。主体税一般是指某种税或某类税在税制结构或税收收入中占有主要地位的税收。如美国、日本等国的所得税，丹麦、挪威等国的销售税，我国流转税和所得税并重的主体税。辅助税是相对主体税而言的，它是税制结构中起到补充配合和协调主体税发挥作用的税收，故又有"补充税"之称。

作为主体税的所得税通常适用于经济高度发达、人均国民收入较高和管理水平较先进的国家，流转税适用于商品经济发展的初期及管理水平较低的国家，所得税与流转税并重为主体税种适用于经济较为发达的国家，财产税则适用于经济极不发达时期的各国。作为辅助税种的各类税收，则相对主体税种而适用。

（二）按照税收收入归属的分类

按收入归属划分，税收可分为中央税、地方税、中央地方共享税。这是在分级财政管理体制下的一种重要的分类方法。通过这种划分，可以使各级财政有相应的收入来源和一定范围的税收管理权限，从而有利于调动各级财政部门组织收入的积极性，更好地完成一级财政的任务。

中央税是指税收收入和管理权限归属于中央政府的税收，如我国的消费税和关税等；地方税是指税收收入和管理权限归属于地方政府的税收，如我国的房产税和土地使用税等；中央地方共享税是指税收收入归属于中央和地方政府共有的税收，如我国增值税和资源税等。一般的做法是：将税源集中、收入大、涉及面广，而由全国统一立法和统一管理的税种，划作中央税。一些与地方经济联系紧密，税源比较分散的税种，列为地方税。一些既能兼顾中央和地方经济利益，又有利于调动地方组织收入积极性的税种，列为中央地方共享税。

（三）按税收与价格关系的分类

按税收与价格的关系划分，税收可分为价内税和价外税。在市场经济条件下，税收与商品、劳务或财产的价格有着密切的关系，对商品和劳务课征的税收既可包含于价格中，也可在价格之外。凡税收构成价格组成部分的税收称为价内税；凡税收是价格之外的附加额的税收称为价外税。前者价格组成＝成本＋利润＋税金，如我国的消费税和营业税等；后者价格组成＝成本＋利润，如我国的增值税等。

价内税有利于国家通过对税负的调整，直接调节生产和消费，但往往容易造成对价格的扭曲，一般适用稳定的、有标价的商品和财产的课税。价外税与企业的成本核算、利润及价格没有直接联系，因其能更好地反映企业的经营成果，不致因征税而影响公平竞争，不干扰价格对市场供求状况的正确反映，因此更适应市场经济的要求，一般适用于市场机制下商品价格波动较大的征税对象，或用于国家需要引导其符合政策发展方向的某些经济行为的征税。

（四）按计税单位为标准的分类

按计税单位进行划分，税收可分为从价税与从量税。从价税是指以征税对象的价格或价值为标准计征的税收，如我国现行的增值税。税额的多少将随着价格的变动而相应增减。从价税一般适用于商品货币经济下对商品、非商品流转额的课税。

从量税是指以征税对象的数量、重量、容积、面积、吨位和件数等为标准，采用固定税额计征的税收，如我国资源税是以"吨"或"立方米"为标准计算征收。它具有计算简单、方便征收的优点。从量税一般适用于以计量单位明确、价格稳定的实物为征税对象的税种。

（五）按其他标准的税收分类

除上述主要分类外，还有一些其他分类方法。例如，按税收管辖权限划分，税收可分为国内税收、外国税收和国际税收；按征收机关划分，税收可分为工商税、海关税和农业税；按税制复杂程度或税收设计划分，税收可分为单一税和复合税；按税款用途划分，税收可分为一般税（普通税）和特定税（目的税）；按税收形态划分，税收可分为劳役税、实物税和货币税；按存续时间划分，税收可分为经常税和临时税；按税负转嫁或征收技术划分，税收可分为直接税（转嫁税）和间接税（隐蔽税）；等等。

第三节 税收原则

税收原则又称税制原则，是指建立税收制度应遵循的基本准则，它集中反映了统治阶级的征税意志。现代税收原则主要包括财政、公平、效率、适度和法治的原则。

一、税收的财政原则

税收的财政原则的基本含义是：一国税收制度的建立和变革，都必须有利于保证国家的财政收入，即保证国家实现其职能支出的需要。自国家产生以来，税收一直是财政收入的主要来源。

税率与税收收入、经济增长之间存在一种特殊的函数关系：当税率为零时，市场经济活动或税基为最大，但税收为零，税率稍有提高后，税基相应缩小，但其程度较小，故税收总额还会增加；当税率上升至某一最适度的点，税收极大化，找到最佳税率，如果超过这一点，继续提高税率就进入"禁区"，因税基以更大程度缩小，即市场活力或生产加速萎缩，反而导致税收下降；当税率处于"禁区"的末端，即税率为100%时，税收也相应降至零。因此，财政原则并不意味着就是税率越高，税收收入就越大。

二、税收的公平原则

税收的公平原则是指政府征税，包括税制的建立和税收政策的运用应确保公平。税收的公平原则要求条件相同者缴纳相同的税，即横向公平；而对条件不同者应加以区别对待，即纵向公平。研究公平问题，必须联系由市场决定的分配状态来看。倘若由市场决定的分配状态已经达到公平的要求，那么税收就应对既有的分配状态做尽可能小的干扰；倘若市场决定的分配状态不符合公平要求，税收就应发挥其再分配的功能，对既有的分配格局进行正向矫正，直到其符合公平要求。

税收公平特别是经济公平，对我国向市场经济体制转轨过程中的税制建设与完善具有重要的指导意义。因为我国市场发育还不健全，存在不公平竞争的外部因素较多，同时适应市场经济发展要求的税制体系也有待进一步完善。因此，如何使税制更具公平性，为市场经济发展创造一个公平合理的税收环境，这是我国进一步税制改革的重要研究课题。

三、税收的效率原则

税收的效率原则是指政府征税包括税制的建立和税收政策的运用应讲求效率。要求政府征税有利于资源的有效配置和经济机制的有效运行，提高税务行政的管理效率。它可以分为税收的效率原则和税收本身的效率原则两方面。税收不仅应是公平的，而且应是有效率的，这里的效率，通常有两层含义：一是行政效率，就是征税过程本身的效率，它要求税收在征收和缴纳过程中耗费成本最小；二是经济效率，就是征税应有利于促进经济效率的提高，或者对经济效率的不利影响最小。

税收的行政效率，可以从税收成本率即税收的行政成本占税收收入的比率来反映，有效率就是要求以尽可能少的税收行政成本征收尽可能多的税收收入，即税收成本率越低越好。显然，税收行政成本既包括政府为征税而花费的征收成本，也包括纳税人为纳税而耗费的缴纳成本，即西方所称的"奉行成本"。

税收的经济效率是税收效率原则的更高层次。经济决定税收，税收反作用于经济。税收分配必然对经济的运行和资源的配置产生影响，这是必然的客观规律。但税收对经济的影响，究竟是积极的，还是消极的，影响的程度如何、范围多大，则是有争议的，在认识上也存在一个不断发展的过程。

四、税收的适度原则

税收的适度原则是指政府征税包括税制的建立和税收政策的运用应兼顾需要与可能，做到取之有度。这里的"需要"是指国家财政的需要，"可能"则是指纳税人负担的可能，即经济的承受能力。遵循适度原则，要求税收负担适中，税收收入既能满足正常的财政支出需要，又能与经济发展保持协调和同步，并在此基础上使宏观税收负担尽量减轻。

如果说公平原则和效率原则是从社会和经济角度考察税收所应遵循的原则，那么适度原则则是从财政角度对税收的量的基本规定，是税收财政原则的根本体现。满足财政需要是税收的直接目标和首要职能，因而诸多的专家学者都将满足财政需要作为税收的首要原则。如我国唐代理财家提出的"量出以制入"原则，就是根据国家财政支出的需要，来安排和筹集税收收入。

其实，适度原则并不排斥收入充裕的要求，拉弗曲线则反映了这一原理，美国经济学家拉弗（Arthur Betz Laffer）认为，税收收入并不总是与税负成正比的，税负（率）越高，不等于收入越充裕，而可能是相反，即当税负（率）超过某个临界点后，实际所实现的税收收入可能反而下降，因为税负过高会导致税源的萎缩。这说明，税负过高和过低都不好，税负过低，就不能满足政府的正常支出需要；税负过高，则不仅不会增加收入，反而会制约经济的发展。作为理论上的原则要求，从性质上说，适度税收就是兼顾财政的正常需要和经济的现实可能；从数量上说，适度税收就是力求使宏观税负落在或接近拉弗曲线上的"最佳点"。

五、税收的法治原则

税收的法治原则是指政府征税包括税制的建立和税收政策的运用应以法律为依据，依法治税。法治原则的内容包括税收的程序规范原则和征收内容明确原则两方面：前者要求税收程序——包括税收的立法程序、执法程序和司法程序——法定；后者要求征税内容法定。税收的法治原则，是与税收法学中的"税收法律主义"相一致的。

只有税收法定、以法律形式明确纳税义务，才能真正体现税收的"强制性"，实现税收的"无偿"征收，税收分配也才能做到规范、确定和具有可预测性，这对经济决策至关重要。因为对生产经营者来说，税收是一种很重要的经营成本，税负的高低在很大程度上影响投资决策，因此如果税收分配不规范、不确定，税收负担无法进行事前预测，那么投资决策分析就难以正常进行。

此外，法律的"公开、公正、公平"特性，也有助于提高税收的公平性和效率。税法的公开性和高透明度，无疑有利于提高税收的行政效率和正确引导资源流向，特别是在征纳关系中，纳税人客观上处于弱者地位，而政府本身又存在增收扩支的压力和冲动，因而有必要通过法律规范来提高纳税人的法律地位，确保纳税人的权利。因此，强调税收的法治原则尤为重要。目前，我国法制建设还不够健全，在税收领域无法可依、有法不依、违法不究的情况仍时有发生。市场经济是法治经济，我国发展社会主义市场经济需要依法治国，更需要依法治税，因而，在我国建立和完善符合社会主义市场经济发展要求的税制过程中，提倡和强调税收的法治原则就显得更为重要和迫切。

第四节　税收动因

一、解决市场失灵的需要

（一）市场失灵的含义

市场失灵是指市场机制本身存在无法解决或不好解决的缺陷或问题。如果完全依靠市场机制的作用，就无法或不能充分实现社会资源的最优配置和社会福利的最佳状态。帕累托效率为实行市场经济的社会描述了一种合理配置资源的最理想状态。但现实中大多数的经济活动都可能是以其他人情况变坏为条件，而使某些人的情况变得更好。

因此，我们可以将帕累托效率的实际含义解释为：经济活动的任何措施都应使"得者所得大于失者所失"。从全社会看，如果任何重新调整和改变会使社会福利大于由此而产生的社会成本，即在受损者得到充分的利益补偿后还有社会福利的净增加，那么这种改变和调整就是有效率的。由于市场失灵的存在，完全依靠市场机制本身是不能达到这种社会资源配置的帕累托最优状态的。

（二）市场失灵的表现

l. 垄断的形成

市场经济的首要特征是市场主体选择和决策的自主性。在完全竞争的条件下存在众多的生产者和消费者，但不能控制市场；在价格机制的作用下，各种资源能在各部门、各行业之间合理、自由地流动，价格机制使各种资源能流向高效率的企业，使资源配置能够达到最优状态。

然而，现实中并不存在或不是永远存在这种完全竞争的自由市场，如在一些行业和部门存在规模收益递增和成本递减的特点，即存在自然垄断。一些具有天然垄断性质的行业，如因供水和供电规模经济效益明显，实行独家经营可能比自由竞争更具有效率，这就意味着市场机制在这些领域存在天然失灵的可能性。随着生产和经营规模的不断扩大，边际成本不断下降，规模收益递增，优势企业在竞争中的地位不断提高，生产经营越来越集中到少数企业手中，从而使一些行业和部门被少数企业所控制，产生垄断现象。

2. 信息不对称

竞争性市场的生产者和消费者要有充分、真实的信息来决定决策，生产者要知道消费者需要何种商品、需要多少、需求会发生怎样的变化，消费者想了解产品的品质和性能，不同的生产者、消费者之间也需要进行信息的沟通。

但是，在市场经济条件下，生产者和消费者的生产、销售、购买都属于个人行为，不可能完全掌握充分的信息，加之"经济人"追求最大利益的动机，掌握信息的企业和个人通常只将对自己有利的信息提供给信息的需求者，或只是提供部分信息，这样就会出现信息提供者与信息需求者之间的信息不对称。信息不对称、不充分，这也是市场机制本身无法解决的问题。

3. 分配不公平

在市场经济条件下，每一个参与市场经济活动的人，都是追求自身利益最大化的"经济人"。人与人之间又必然存在差别，如人在体格、天分、智力、学历、知识、技能、环境、家庭条件等各种先天和后天的因素上存在差别，这种差别必然会影响到每个人在市场竞争中的能力，再加上机会的不均等，从而影响到每个人的收入分配。

市场经济就是靠收入上的差别来产生利益上的刺激，从而优胜劣汰地进行竞争，以此带来效率。但如果完全自发地依靠市场机制来进行分配，那么个人收入的差距会越来越大，贫富两极分化就会越来越严重，甚至会违背人类社会最基本的公平准则。这不仅影响经济发展，还会带来社会的不稳定。由此可见，收入分配不均是市场机制无法依靠自身力量解决的难题之一。

4. 外部效应与产品

外部效应是指私人成本与社会成本之间或私人得益与社会得益之间的非一致性，即某个人或企业的行为活动影响了他人或其他企业却没有为之承担相应的成本或没有获得应有的报酬。包括正、负两种类型：前者是指给他人带来了利益却没有获得应有的报酬；后者是指给他人造成了损失却没有承担相应的成本。正、负外部效应的存在，导致具有外部效应的产品无法通过市场供给来达到最优配置。

公共产品具有典型的正外部效应特征，如治理环境污染、兴办义务教育会给社会或他人带来利益和好处，但如果这种活动完全依靠市场机制则无法获取应有的报酬，那么追求自身利益最大化的、理性的市场主体就会更多地希望别人来投资生产和提供这类公共产品，自己则"免费搭车"。假设大家都这样想，必然会导致公共产品的供应不足、社会福利遭受损失，而这正是理性的市场主体进行自由选择的必然结果。可见，在市场经济活动中，适时、有效提供公共产品是极为重要的，也应重视和研究。

5. 经济波动与失衡

自由放任的市场经济不可能自动、平稳地向前发展，这是因为：一方面同，价格信号在某些重要的市场上并不具有伸缩自如、灵活反应的调节能力；另一方面，从供求角度看不同经济主体在实现其经济利益上所具有的竞争性和排他性，也会使市场的自发力不能经常保证供求平衡，于是人员失业、通货膨胀、经济的波动与失衡等问题会周期性地重复出现，有时甚至会发展为经济危机。

此外，市场主体的自利性和行为短期化，如果完全依靠市场机制进行资源配置，可能会使得社会基础设施的投资、一些对社会和个人很有益处但对消费者个人评价较低的所谓优值品（如基础教育等）的生产和消费存在不足。

综上所述，市场失灵是市场经济机制运行本身所固有的一种缺陷，是以居民和企业为主体的私人经济或私人部门经济无力解决的问题。此时，需要市场以外的力量来进行干预和调节，即需要以政府为主体的公共经济或公共财政的介入，用非市场机制方式来解决市场失灵的问题。可见，市场经济条件下为什么需要政府干预、政府如何进行干预等问题，都是以"市场失灵"为切入点来进行界定和分析的。

二、提供公共产品的需要

（一）公共产品的概念

1. 公共产品的含义

"公共产品"一词的提出约在 20 世纪初，至 20 世纪 60 年代成为西方公共财政学理论的重要组成部分。西方公共财政理论认为，公共产品的严格定义由美国经济学家萨缪尔森（Pual A.Samuelson）在《公共支出的纯理论》给出："公共产品是指这样一种产品，不论每个人是否愿意购买它们，它们带来的好处不可分开地散布到整个社区里。"

我们认为，公共产品是指每个人对某产品的消费不会影响或减少他人对该产品消费的产品，如国防、公路和公园等。按公共产品的供给、消费和技术等标准，公共产品可分为纯公共产品和准公共产品。纯公共产品具有规模经济的特征，消费上不存在"拥挤效应"，一般不能通过特定的技术手段进行排他性使用，否则代价将非常高昂，如国防和秩序等。

准公共产品介于纯公共产品和私人产品之间，其产品的某些性质发生改变：一是公共产品的使用和消费局限在一定的领域中，其受益范围是有限的，如地方铁路等；二是公共产品是公共的或可以共用的，一个人的使用不排斥其他人的使用，但产品的使用或消费可能存在"拥挤效应"和"过度使用"的现象，如水体资源和森林等；三是公共产品由于消费"拥挤点"的存在，往往要通过付费才能使用或消费，如有线电视频道和高速公路等。

2.公共产品的界定

（1）公共产品与私人产品的界定

私人产品是指能够分别提供给不同个人的产品，如个人吃的食品、穿的衣服、住的房屋和自用的汽车等。公共产品与私人产品主要是根据消费该产品的不同特征加以区分，而不是按产品的所有性质即公有还是私有来区分，也不是按产品提供的部门是私人部门还是公共部门来区分。两种产品的提供者通常分别是政府部门和私人部门，但私人产品并不一定完全由私人部门提供，如政府部门提供给个人的食品和住房等；反之，公共产品也不排除由私人部门提供的可能，如个人捐建的学校和图书馆等公共设施。

（2）公共产品与混合产品的界定

混合产品是指兼有私人与公共双重性质的产品。主要分为两大类：一类是非排他性、非竞争性不充分的产品，包括具有非竞争性但可排他的（如不拥挤的路桥等）、非竞争性不充分且可排他的（如拥挤的路桥等）和排他性不充分的（如带有围墙的花园等）三种情况；二是具有正外部性的产品，如水力发电设施等。由此看出，有些公共产品是非排他性的，一般称为"纯公共产品"（纯公共品），如上述的国防等；也有一些公共产品兼备公共和私有的产品特征，一般称之为"准公共产品"（准公共品）或混合产品，如上述的森林和高速公路等。

（3）公共产品与社会产品的界定

社会产品是指由物质生产部门创造的物质产品。通常不包括服务，更不包括精神产品。而公共产品不仅指物质产品，还指各种公共服务，包括无形产品和精神产品。有许多传统意义上不被认为是产品的产品，也具有了公共产品的烙印。如国防作为一种公共产品指的不是向军队提供的武器装备和防御设施等，而是指政府通过这些物质条件的总和所提供的保卫国家安全的服务，如秩序、环保和防疫等。

（二）公共产品的基本特征

公共产品与其他产品尤其是与私人产品相比，具有以下四个基本特征：

l.消费的非排他性

公共产品的非排他性是指某个人或集团对公共产品的消费，并不影响或妨碍其他人或集团同时对该公共产品的消费，也不会减少其他人或集团对该公共产品的数量或质量的消费。如消除空气污染可使人们享受新鲜的空气，让某些（个）人不享受新鲜空气的好处是不可能的。而私人产品具有排他性，当消费者为私人产品付钱之后，其他人就不能享用该产品所带来的利益。

2. 获取的非竞争性

公共产品的非竞争性是指公共产品消费者数量的增加不会引起生产成本的增加，即某人对某产品的消费不会影响他人对该产品的消费，其受益对象之间不存在利益冲突，多一个消费者所引起的边际成本为零，因此价格也为零。这就意味着可能形成"免费搭车"的现象，即消费者无须通过市场竞争价格方式获得公共产品。而私人产品如衣服、食品和住宅等，消费者必须通过市场竞争价格方式获取。

3. 效用的不分割性

公共产品的不分割性是指公共产品是面向整个社会或群体提供的，即所提供的公共产品是不能分割成若干部分而分别归个人或集团消费，如安全和国防等。尽管根据受益范围的大小，可将公共产品分为全国性或区域性的，但它必须向该区域的所有成员提供效用。而私人产品的效用则具有可分割性，如私人用的衣服等。

4. 目的的非营利性

公共产品的非营利性是指提供的公共产品不以营利为目的，而是为了满足社会公共需要或为社会提供市场不能提供和提供不足的公共服务，并以追求社会效益和社会福利的最大化为目标，如城市公共绿地和义务教育等。而私人产品的提供则是为了追求利润或利益的最大化，如个人的股票投资和家庭用车等。

公共产品的上述四个特征是密切联系的，其中核心特征是非排他性和非竞争性，其他两个特征是它的必然延伸。在实际生活中，真正的纯公共产品并不多，更常见的是具有公共产品特征但又兼有一些私人产品特征的准公共产品或混合产品。

三、税收职能

（一）税收职能的含义

税收职能是指税收分配在一定社会制度下所固有的功能和职责，是税收的一种长期固定的属性。由税收本质决定的，内在于税收分配过程中的功能，具有内在性、客观性和稳定性的特征。

1. 税收职能的内在性

税收职能是税收本质所固有的内在属性。税收本质是国家为向社会提供公共产品，而对社会产品进行强制、无偿和规范的分配，这种本质属性必然要体现在税收职能之中。税收职能与税收共生共存，是不可分割的。

2. 税收职能的客观性

税收职能一方面表现在人们是自觉或尚未充分认识、是正确或错误运用，它都依然存在，只有影响大小、好坏之分；另一方面还要受到客观条件的制约，如职能在自然经济、商品经济和市场经济下有着明显的差异。

3. 税收职能的稳定性

税收职能作为税收本质的一种固有属性，无论在内涵和外延方面都是稳定的，尽管人们对税收职能的认识有一个不断深入、运用能力有一个不断得到提升的过程，但它不会因为国家需要的变化而发生根本的改变。

（二）税收职能的内容

税收职能是税收满足国家财政资金需要的内在能力。一般认为，税收具有财政、经济和监管三种职能。

1. 税收的财政职能

税收的财政职能是税收为国家组织财政收入的功能。税收是国家凭借政治权力，通过法律形式把企业和个人的收入通过征税方式变为国家财政收入，以满足国家财政支出的需要。税收自产生之日起，就具备了筹集财政收入的职能，且是最基本的职能。古今中外各国，税收占财政收入的比重都很大，是国家财政的重要支柱，成为国家机器运转的经济基础。如果没有税收，国家的职能就无法实现。

税收的财政职能不但内在于税收取得财政收入的量，而且在于税收取得财政收入的质的规定性。国家为实现其职能，需要大量的财政资金。由于税收具有强制性、无偿性和固定性三个基本特征，决定了税收在取得财政收入上具有广泛、可靠、及时、均衡及无须偿还的功能，能够满足国家实现其职能对财政收入的质的要求，而这些功能是其他财政收入形式所不具备或不完全具备的。

2. 税收的经济职能

税收的经济职能是国家运用税收来调控经济运行的功能。国家向单位和个人征税，将一部分国民收入转为国家所有，必然要改变原有的分配关系，对生产结构、消费结构和生产关系结构等方面产生一定的影响。这种影响可能是积极的，也可能是消极的；可能促进经济发展，也可能导致经济停滞或倒退；可能是有意识的，也可能是无意识的。但无论何种情况，税收对经济的影响始终是客观存在的。

税收的经济职能与其他经济调节手段相比，也具有自身的质的规定性。税收是国家运用法律形式征收，可自觉运用其达到调节经济的预期目的，体现税收调节经济的权威性；税收征收不受所有制限制，可涉及国民经济各部门、行业及再生产的各环节，体现税收调节经济的广泛性；税制中可规定税收调节的对象和要求，在实践中还可根据需要调整，体现税收调节经济的灵活性。这些特性构成了税收调节经济的特殊功能。

3. 税收的监管职能

税收的监管职能是国家通过税收政策法令来约束纳税人社会经济行为的功能。税收是一种无偿性的分配，它本身就要求必须具有监督管理功能。国家通过税收将一部分国民收入征为国有，就要做到应收尽收，必须进行税收的管理、检查、纠正、统计、预测和调查等一系列工作。税收一方面能对企业和个人的经济活动进行有效的监管；另一方面能反映有关的经济动态，为国家经济管理决策提供参考。

税收监管贯穿于税收活动的全过程，包括从税收法律制度的制定、税款征收到缴入国库。否则国家财政收入得不到保障，税收调节经济的目的也就难以实现。我国税收监管的范围十分广泛，就经济性质而言，涉及国有、集体、私营、个体、外资、合资、乡镇、街道、个人和各种经济联合体；就再生产过程而言，涉及生产、交换、分配、消费和投资等环节；就企业运行而言，涉及生产、供销、成本和利润分配等经营活动。

四、政府职能与税收的关系

（一）税收是政府存在的经济体现

政府是代表一定阶级利益，负责社会与经济的稳定与发展的公共机构，政府为了弥补市场缺陷，履行政府的职能，就必须向全社会成员提供公共产品与服务。而提供公共产品与服务的财力来源，主要是依赖于政府的税收。

1. 政府的公共支出需要税收

政府要完成提供公共产品与服务职能，就必须有财力保证。政府为了解决提供公共产品与服务的财力来源，就必须参与社会产品的分配。税收是政府参与社会产品分配，组织政府收入的最主要形式。没有税收，政府就不能存在。

2. 公共支出有效性需要税收

虽然政府有多种收入来源，但决定政府存在的经济基础是税收。税收对保证政府的公共支出最具有效性，与政府的其他收入形式不可等同而论，也是政府的其他收入形式所不可替代的。主要表现在：一是稳定的收入规模，有利于政府公共支出的实现；二是税收的无偿性与政府公共支出的特征相匹配。

（二）税收是政府的主要分配形式

从市场失灵的方面来看，政府的经济活动主要是政府为了弥补市场失灵、提供公共产品与服务所发生的一系列的经济活动。政府提供公共产品与服务的各种活动，构成了政府经济的全部内容。税收是政府经济的重要组成部分，是政府的主要分配活动。

1. 税收参与社会产品分配

税收参与社会主要基金形成的分配，在社会产品分配中具有重要的地位。社会产品的分配按其最终用途而言，主要形成补偿基金、消费基金和积累基金三项基金。税收不参与补偿基金的分配，全面参与消费基金和积累基金形成的分配，这说明了税收在社会产品分配中具有重要的地位。

2. 政府分配需要税收参与

政府分配是指以国家为主体的分配，其依据或是财产权力或是政治权力，目的是满足公共需要。政府分配就其内容而言，主要包括政府财政收支、政府投资和政府信用等。在政府分配中，主要的分配是政府的财政收支分配，而从财政收支分配的过程来看，税收分配属于财政收入分配，是财政收入的最主要来源。

（三）税收是经济的重要调节手段

随着现代市场经济的确立，政府有必要参与调节经济运行活动，无论是宏观经济活动还是微观经济活动，都有一些是应由政府出面调节的领域与环节。税收是政府调控经济的重要手段之一。

1. 税收调节的功能

政府运用税收手段，既可以调节宏观经济总量，也可以对经济结构进行调节。税收的调节功能主要表现在：一是税收对经济总量的调节，税收对社会经济总量的调节具有"内在稳定器"的作用；二是税收对经济结构的调节，其主要包括税收对产业结构的调节、对区域经济结构的调节、对供给结构的调节、对消费结构的调节和对收入所得的调节等。

2. 税收的杠杆调节

　　税收调节的主体是政府，政府通过制定不同的税收政策，建立相应的税收制度，规定不同的税收鼓励措施或限制措施，给予纳税人以有利或不利的税收条件，以此来影响纳税人的经济行为，起到经济杠杆的调节作用。政府的政策措施与制度所决定的税收的不同分配，一方面改变了人们的经济利益关系；另一方面税收分配是对纳税人经济利益的调节。

第二章 企业税收管理理论

第一节 分类管理

一、理论背景及原理

分类是指按照种类、等级或性质分别归类。分类管理就是指将事物分门别类，针对不同的分类适用不同的或是类似的管理方法进行管理。其特点是更快地得到信息，其目的是便于管理。分类管理是伴随着人类的生产实践活动产生的：追溯其理论源流，还要从泰勒（Frederick Winslow Taylor，美国）科学管理、戴明（William Edwards Deming，美国）质量管理和帕累托(V.Pareto，意大利)的 ABC 分析法等西方各种管理理论上去探寻，其中，帕累托的 ABC 分析法又称 ABC 分类管理法，是较早的分类管理理论。它根据事物在技术或经济方面的主要特征进行分类、排队，分清重点和一般，以有区别地实施管理。

分类管理是一种行之有效且无处不在的管理方式，基本原理可概括为"区别主次、分类管理"，其核心价值在于通过细分目标、细分标准、细分任务，在此基础上实施差别化管理，从而增强工作的主动性和针对性，进一步提升管理的质量和效率。

二、分类管理理论在税收领域的实践

20 世纪 90 年代以来，随着经济全球化和世界经济一体化的迅猛发展，纳税人的国内和国际交易日趋多样和复杂，许多国家特别是发达国家发现，传统的按税种或按功能设置税收管理机构已远远不能满足纳税人发展的需要。分类管理理念被引入税收管理实践，即按照纳税人类别设立税收管理机构，组建专门机构对不同类型的纳税人分类别实行专业化管理。

（一）分类管理理论指导下的税收管理原则

税收分类管理应用于税收管理实践，要求税收管理体现三大原则：

1. 税收效益原则

税收效益原则即以最小的成本获取最理想的结果。税收管理的目的就是要提高纳税人税法遵从度。以最小的税收管理和税法遵从成本实现最大化的税收收入，一直是税务机关努力的方向。分类管理以纳税人为中心，对特定纳税人进行专门管理，对不同的纳税群体采取不同的管理方式，制定不同的管理重点，较好地体现了效益至上原则。

2. 税收收入最大化原则

随着经济全球化，税收管理的目标已远远超出本国税源的范围，如何在跨国税源的分配上取得公平的份额已经成为各国税收管理的重要内容。跨国税源与跨国经营的大企业紧密相连，以跨国大企业为管理重点，开展国际合作、反避税等税收战略，是捍卫本国税收利益的最有效途径，也是实现税收收入最大化的有效途径。

3. 税收风险原则

从 20 世纪 90 年代开始，风险管理理论盛行，发达经济体开始尝试将风险分析理论运用到税收管理领域。原则上讲，不同类型纳税人的税收风险是不同的，因而应对风险的措施也相应有所不同。这就要求对纳税人进行群体分类，对纳税群体逐一进行风险评估，将税收管理的侧重点倾向于税收风险高的纳税群体，对其制定详尽的税务风险应对程序和方法，提供优质的服务产品。

不同类型的纳税人在税法遵从方面存在不同特征，其不遵从的可能和原因也各不相同。税收管理无论是在税制、机构还是管理方法上都应强调以纳税人为中心，关注纳税人的需要，为此有必要对不同类型的纳税人实行分类管理。根据不同类型纳税人的不同特征，采取更有针对性的措施，是降低税务成本、实现效益最大化的有效途径。分类管理使税务机关可以用相类似的方法对待同类的纳税人，提高行政效率。

（二）分类管理理论的国际实践

从 OECD（Organization for Economic Co-operation and Development，经济合作与发展组织）成员国的情况来看，大部分国家在按照征管功能设置税收管理机构的基础上，设置多功能机构负责大型纳税人的税收管理，并已成为全球税收管理的一大亮点。澳大利亚是率先尝试这种税收征管模式的国家之一。20 世纪 90 年代，澳大利亚税务局把企业纳税人分为大企业和小企业两类，把资源投入税源规模最大、情况最复杂的征管方面。美国国内收入局（Internal Revenue Service, IRS）于 21 世纪初成立了大中型企业税收管理局（Large and Mid-Size Business Division, LMSB），从纯粹的区域性组织机构转变为与企业类型相对应的组织机构，确立了通过公平执法为纳税人提供优质服务的目标，针对纳税人的不同特点提供相应的服务。英国国内收入局（已与英国皇家海关与货物税署合并为英国皇家海关与税务总署）也在 20 世纪末成立了大企业服务局（Large Business Service, LBS），包括

13 个大企业办公室，处理公司税事宜，目的在于确保大企业和高净值个人能依法纳税，帮助纳税人遵守纳税义务，保证税收收入及时足额入库。OECD 大部分成员国都成立了专门的大企业税收管理机构。

（三）分类管理对大企业税收管理的重要意义

OECD 主要成员国的税收实践表明，实行分类管理，建立大企业税收管理机构有利于管理专业化、收入最大化、成本最小化、服务最优化和执法一致性。

第二节 风险管理

一、理论背景及原理

风险管理理论起源于 20 世纪 30 年代，其核心思想是如何以最有效的方式分配现有资源，以最小的成本获得最佳结果。

20 世纪 50 年代风险管理在美国工商企业界发展为一种现代化的管理手段，70 年代以后在全球兴起，到 90 年代在发达国家的企业已基本普及。企业设有专门的风险管理机构、风险管理经理、风险管理顾问等。近 20 年来，美国、英国、法国、德国、日本等国家先后建立了全国性和地区性的风险管理协会，美国、英国、澳大利亚、新西兰等国家先后颁布了风险管理体系框架或国家风险管理标准。风险管理理论于 20 世纪 80 年代中期引入我国，主要应用于金融业。90 年代开始实行全面风险管理，进入 21 世纪之后逐渐成为学术界和企业界研究的热点，美国著名金融学家彼得·伯恩斯坦（Peter Bernstein）认为，风险管理的极端重要性无论怎么强调都不过分，它甚至"超越了人类在科学、技术和社会制度方面取得的进步"。

风险管理是一种理念和制度机制，也是一种思维方式和工作方式，更是一个结构化的管理方法。任何类型和规模的组织都面临风险，组织的所有活动都涉及风险。风险管理通过考虑不确定性及其对目标的影响，采取相应的措施，为组织的运营和决策及有效应对各类突发事件提供支持。风险管理适用于组织的全生命周期及其任何阶段，其适用范围包括整个组织的所有领域和层次，也包括组织的具体部门和活动。风险管理旨在保证组织恰当地应对风险的效率和效果，增强行动的合理性，有效地配置资源。税收风险管理理论认为，通过运用风险管理的理念和方法，可确定、分析纳税人风险并确定风险等级排序，预测各种可能出现的税法遵从风险，并以此为基础，制定风险防范策略，优化各种税收风险管理技术，以有效地控制风险，进而通过更加有效地配置有限的税收管理资源，努力把税收不遵从风险控制在最小限度内。

企业全面风险管理要素主要包括：内部环境、目标设定、事项识别、风险评估、风险应对、控制活动、信息和沟通以及风险监控等。其中，内部环境是其他所有风险管理要素的基础，为其他要素提供规则和结构。内部环境包括企业员工的道德观和胜任能力、人员的培训、管理者的经营模式、分配权限和职责的方式等。目标设定是管理者根据企业的任务或预期，确定企业的战略目标、选择战略方案的过程。事项识别是管理者对某一事项的不确定性进行识别的过程。风险评估是管理者对可能影响组织目标实现的潜在事项风险发生的可能性和影响进行评估的过程。风险应对是管理者在风险容忍度和成本效益原则的前提下，对影响事项发生的可能性和事项对企业的影响而采取管控措施的总称。控制活动是保证风险应对方案得到正确执行的相关政策和程序。信息和沟通是指对来自企业内部和外部的相关信息以一定的格式和时间间隔进行捕捉、确认、传递和反馈，以保证企业的员工能够执行各自的职责的过程。风险监控是指对风险管理要素的内容和执行质量进行评估和评价的过程，保持各要素持续改进。

二、风险管理理论在税收领域的实践

OECD 下属的财政事务委员会在 20 世纪末首次阐述了税收风险管理的概念，建立了税收征管中的风险管理模型——税收风险管理流程。21 世纪初，在 OECD 税收政策与管理中心发表的《风险管理——实践篇》中提到了设立大企业税收管理机构的观点。目前，许多发达国家税务机关把风险管理理念和方法引入税收管理领域，通过更加有效地配置税收管理资源，寻求实现最佳的税法遵从目标。风险管理理论在税收领域的运用贯穿税收征管各个环节。

从各国实践来看，特别是 OECD 成员国，它们在实施税收风险管理过程中，主要实施税法遵从风险管理。当前应用较为广泛的税法遵从风险管理 OECD 模式和欧盟模式，两者都遵循风险管理基本原理，但在具体实现方式上又各有特色。

OECD 的税收风险管理模式是一个循环过程：确定目标——风险识别——风险评估——风险处置——执行监控——风控目标。它将税法遵从风险定义为纳税人未能履行法定税收义务所产生的风险。该模型主要包括税法遵从风险管理的含义、工作背景、风险识别、风险评估与分级、遵从行为分析和遵从策略、结果评估六方面的内容。其流程包括识别、分析、评估、处理四个环节。其优势是税务机关可以运用风险管理的原则来优化自身有限资源的配置，从而取得一个最佳的税法遵从策略。

欧盟税收风险管理模式认为，税务机关的首要任务是按照法律的规定征收纳税人应纳税款，以维护纳税人对税收制度的信心。一些纳税人，由于忽略、粗心或者故意，也由于税收管理中存在薄弱环节，未能完全履行纳税义务，因此，税务机关应该制定好策略，在传统的执法活动和寻求更高效方法的创新举措之间达到一种平衡，以实现较高的税法遵从水平和较高的纳税人满意度。

欧盟模式构建了由税法遵从风险管理环境、影响纳税人的行为、税收风险管理流程和组织因素四部分组成的税法遵从风险管理模型，该模型强调税法遵从风险管理的流程是一个"连续的循环"，其循环步骤如下：识别、分析、排序、处理和评估。税法遵从风险管理流程发生在一个"背景"中，其目标、战略以及相互之间的联系都被融入这个模型中。

以上两个风险管理模型既有相同之处，也有明显的差异。相同点主要有：一是两者非常重视环境对纳税人遵从的影响，并将其作为影响风险管理的重要因素；二是两者都遵循风险管理的基本流程，都具有风险识别、分析、应对等环节，并形成一个闭环；三是两者都设定有目标，并围绕目标设定不同的工作环节。不同点主要有：一是欧盟模型根据目标设定整体遵从风险管理战略，而 OECD 模型只是根据具体风险不同选定不同的遵从策略；二是欧盟模型只设定总体目标，子目标不明确，而 OECD 模型指定的就是与遵从相关的四个目标；三是两者的具体流程具有明显的区别，如对风险的评估问题，欧盟模型是对风险管理的整个过程进行评估，而 OECD 模型则是对识别出来的风险进行评估并据以制定策略，因此，在实际应用中要结合不同对象、不同特点、不同工作目标，选择使用这两种模型。

发达经济体的税收实践表明，实行风险导向的管理方式，有助于税务机关以最小的征管资源投入实现最大的纳税人税法遵从，也有助于大企业以最小成本实现最优的税务管理和税法遵从。因此，不管是对税务机关，还是对大企业，引入并应用风险管理都具有非常重要的意义。

第三节　客户关系管理

一、理论背景及原理

客户关系管理是一种以客户为导向的管理理念，起源于美国。20 世纪 80 年代，有企业管理人员提出了专门收集客户和公司所有信息的"接触管理"模式。美国著名营销学专家巴巴拉·本德·杰克逊（Barbara B．Jackson）在此基础上提出了关系营销的概念，他将营销活动看成是企业与整个社会发生互动的过程：建立、发展、巩固企业与外部组织和个人的关系，其中的核心就是客户关系。20 世纪 90 年代，"接触管理"演变成电话服务中心支持资料分析的"客户关怀"。

20 世纪 90 年代末，全球著名的 IT 分析咨询公司高德纳咨询公司正式提出了客户关系管理的概念，即通过将现代的信息技术手段运用到企业日常的生产经营中，使企业的销售收入、服务能力、市场营销绩效、客户满意度、企业成本及效益都达到最优化，它的本质是通过优化企业客户关系来实现企业收益最大化。随着互联网技术的迅猛发展，特别是电子商务的兴起，客户关系管理理论的应用和发展进一步加速。

客户关系管理是指企业为提高核心竞争力，利用相应的信息技术协调企业与顾客在销售、营销和服务上的交互，从而提升其管理方式，向客户提供创新式的个性化服务的过程。其核心是客户价值管理，它将客户价值分为既成价值、潜在价值和模型价值，通过一对一的营销原则，满足不同价值客户的个性化需求，提高客户忠诚度和保有率，实现客户价值持续提升，从而全面增强企业的盈利能力。从公共服务角度来说，把纳税人当作客户是把市场竞争机制引入公共管理的必然选择，其在税收管理方面的借鉴意义主要体现在：

第一，通过建立良好的客户关系，提高税法遵从度。税务机关作为客户导向型组织，把纳税人当作客户而不再是原来意义上的监管对象，通过提供能够量化的产品与服务，既有利于建立良好的客户关系，又能够根据客户的满意程度对工作绩效做出评估。

第二，进行机构改革、业务流程再造及制度整合。以纳税人为中心的工作流程，倒逼税务机关对各个部门的职能进行重新整合。科学合理的业务流程是提高优质纳税服务的保障，业务流程再造必须结合信息化背景，以快捷服务纳税人为出发点对现行的审批和流转环节进行调整，提高业务操作的透明度。

第三，对纳税人进行细分，提供个性化服务。随着社会的发展，纳税人对税务机关提出了更高的期望，纳税需求也更加多样化，因此有必要对纳税人进行细分，以便分析不同纳税人群体的需求特征和行为偏好，为不同的纳税人群体提供有针对性的服务。

二、客户关系管理理论在税收领域的实践

进入 21 世纪以来，英、美等发达国家开始以客户关系管理理念为指导进行政府改革。比如，英国政府开展"公民宪章运动"，美国政府开展"政府再造工程"等，其主要目的是改变传统的政府的权威心态和政府为尊的状况，政治观念从以统治民众为核心转向以服务民众为核心。英国将纳税人视为客户，并以此为先导，开发了多样化的个性化服务产品，尽全力帮助纳税人更好地履行纳税义务，既推动了税务组织结构和业务流程的重组和创新，同时也带来了税收文化的重大转变。

加拿大税务局将服务看作是首要职责，致力于不断完善纳税服务，在该局推出的"未来发展计划"中明确表示要着力打造"以客户为中心的行政理念和文化"。

荷兰从 20 世纪 80 年代开始税务行政管理理念变革，税收管理从政府本位转为纳税人本位，税务机关称纳税人为顾客，对大企业实施全面的客户管理。近年来，工作力度不断加大，每个专业化管理团队设置客户经理，直接负责管理团队所管理的大企业的征管事项，协调内外关系，领导专业小组的工作。其主要职责包括：管理专业化团队的工作，负责对大企业集团的情况进行充分认识，管理税务机关与大企业之间的沟通，制订和执行对大企业的（长期与短期）策略性监管计划。

客户关系管理理论在发达经济体的税收实践表明，与纳税人尤其是大企业建立和谐、互信的征纳关系，不仅有利于降低征纳成本、提升纳税服务水平，而且提高了纳税人的满意度，促进了税法遵从。

第四节　平衡治理

一、理论背景及原理

平衡治理理论包括平衡职能和平衡治理两方面内容。其中，平衡职能，又称为协调职能，是指政策主体运用公共政策对社会中出现的各种利益矛盾进行调节和控制。公共政策的主要目标就是对利益进行分配，而分配的关键又在于如何才能在各个利益阶层或利益群体之间谋求平衡，公共政策利用其平衡职能重新调整、规范人们之间的活动，并希望通过政策的执行来实现其平衡政治、经济、社会关系的目标，以确立稳定的社会秩序。平衡治理是指按公共政策平衡理论的要求，充分发挥公共政策的平衡功能，化解或减弱各种社会矛盾，协调各种社会利益关系和利益纠纷。除了政策平衡之外，平衡治理还应该包括观念平衡、方法平衡、手段平衡等。

二、平衡治理理论在税收领域的实践

建立平等互信税企关系是现代税收管理的重要目标，平衡治理理论通过发挥公共政策的平衡功能，在平等依法的基础上，通过税法的制定和执行，平衡征纳双方各自的利益，化解矛盾冲突，维护和稳定平等互信的税企关系，实现税企平衡共治的税法遵从目标。最早将平衡治理理论运用于税收管理，与纳税人建立平等、信任关系的国家是荷兰。

21世纪初，荷兰根据平衡治理理论引入了"平行监控"的理念，即税企双方横向享有平等的地位和权利义务，其核心是税企双方相互信任、理解和透明。"平行监控"的一项重要内容就是签订税法遵从协议。荷兰税务与海关管理局（Netherlands Tax and Customs Authority，NTCA）在全国范围推出了遵从协议项目，并陆续与100余家大企业签订了税法遵从协议。"平行监控"另一项重要内容就是税收控制系统。税控系统是企业内部控制系统的组成部分，内部控制系统涉及对企业所有工作流程的控制，而税控系统的重点是对税务事宜的内部控制。在企业开发和实施其税务内部控制框架过程中，由于情况可能发生变化，税企对实施税收控制的范围、进度和结果的任何意见分歧都是双方会谈时要明确的问题，在平行监控中税务局和纳税人需要主动公开各自信息，企业要将一些涉税问题处理意见提交给税务局，必要时双方还要讨论这些意见，对存在的分歧进行磋商，没有达成共识的需要转入评估，甚至移交法院裁决。

英国基于平衡治理理论启动"高风险合作项目",该项目旨在通过对特定纳税人开展风险评估来建立合作信任关系,主要包括三个战略目标:一是提高税法遵从意愿,促进纳税人依法申报;二是提高纳税人对税务部门的开放程度,进一步了解纳税人交易情况及对税收的影响;三是提高税收征管能力,应收尽收,必要时通过法律、诉讼途径来确保税款入库。

欧盟国家如比利时、丹麦、德国、奥地利、西班牙和瑞典均实施了增强税企关系的合作项目,瑞士在税收管理方面也高度认可平衡治理理论。

在大企业税收管理中,平衡治理理论一方面把税法遵从看作是纳税人自身的一种利益,另一方面把提高税法遵从度作为税务局的工作目标,这两者之间具有较高的相关度和统一性,即执法是为了实现税法遵从,纳税人加强风险控制也是要实现税法遵从,税务机关的工作就是要在这两者之间实现平衡。

第五节　遵从管理

一、理论背景及原理

20 世纪 70 年代,美国以偷逃税收为起点开始研究税法遵从问题。21 世纪初美国开始开展"遵从保证流程"项目试点并逐渐变为日常工作流程。在同一时期,澳大利亚和南非两国也开始了类似实践。但合作遵从作为一个税收管理理论提出来,其基础概念还应上溯至税收征管论坛(FTA)出版的《税务中介作用研究》一书。该书分析了税务部门、纳税人和税务中介三者间的关系,同时鼓励纳税人和税务部门建立合作和信任关系,并描绘了一个以"强化税企关系"为名的概念框架。随后,FTA 发布《合作遵从:框架——从强化关系到合作遵从》一文,在原有"强化关系"的基础上,明确了"合作遵从"这一概念。

这一概念推出的缘由是 OECD 在《解决税基侵蚀和利润转移的报告》中呼吁税务部门立即采取行动,推进税法遵从。各国在推行税法遵从这一行动中,一般都将大企业作为重点检查对象,税务机关和大企业互信关系受到影响。为此,OECD 认为有必要恢复税企信任关系,建立信心,并对很多国家在"向税务部门完全公开透明的企业,可以相应得到税收问题的确定性服务"原则的基础上制定的各种办法措施进行总结提炼,浓缩成了合作遵从模型。

大企业纳税人和税务部门之间合作遵从的基础主要基于以下两个支柱要素:一是在对待纳税人时,税务部门应当表现出理解,这种理解基于商业意识、公正公平、配比原则、信息披露的公开透明和需求的快速响应;二是在对待税务部门时,纳税人应当确保信息公开和透明。整个合作遵从理论都是围绕实现这两要素来论述，是该理论建构的基石。在实践中更多地体现为税企双方"用透明度交换确定性"。

在实施合作遵从时应从三方面着手：一是税务部门要制定更有效地影响和促进纳税人遵从行为的遵从风险控制战略；二是要制定系统化的遵从改革实施方案，包括法律和政策的调整、合作中纳税人信息的保密、支持合作资源的安排等，确保税务人员与纳税人的高度参与；三是纳税人要建立支持透明度和信息披露的良好公司治理制度，这是实现合作遵从的重要基础。具体表述如下。

第一，制定遵从风险管理战略指引纳税人遵从，税务部门的基本功能是依法征税，现代遵从风险管理策略的重点是给每类纳税人以相应的关注，对遵从行为和不遵从行为予以区别对待。遵从行为需要支持，而不遵从行为则需要严厉的处罚，通过识别单个纳税人产生遵从行为的重要原因可以达到促进遵从的目的。遵从或不遵从税法是政府、税务部门和纳税人之间互相影响的结果。税务部门已经采取的现代遵从风险管理策略可以更有效地促进遵从。

税务机关制定遵从风险控制战略，主要基于一个可以影响纳税人行为因素的合作遵从模型和风险分类框架。合作遵从旨在让纳税人形成"倾向去做正确的事"的态度，通过遵从管理的压力传导降低税法遵从的成本。

第二，制订合作遵从实施方案。应考虑以下内容：一是明确税务机关需要解决一些关键问题和挑战。例如，合作遵从的适应性如何界定；法律问题，包括信息披露和保密规定、合作遵从关系框架下提前甚至更早为纳税人提供政策确定性等，除了这些法律问题，税务机关也要考虑支持合作遵从模型的资源数量和质量。二是增强税务人员与纳税人开展合作的积极性，并使其在文化和行为方面有所改变。三是扩大参与范围，不同利益相关者的参与和协商，对于合作遵从实施方案的发展和执行具有促进作用。

第三，促进良好公司治理体系建立。良好的公司治理体系主要体现在能支持必要的信息披露和透明度，是合作遵从理念中不可或缺的一部分。现有的可视和可靠的税收监管系统提供了更多的保证，便于纳税人能够并且愿意满足信息披露和透明度所需的标准。从这个角度讲，税收风险管理控制系统或者税收控制框架是实现良好公司治理体系很重要的工具。

另外，理解合作遵从理论仍须重点把握以下几个关键问题：

一是遵从风险管理战略是合作遵从的重要基础。税务机关应制定明确的遵从风险管理战略，建立全面税收风险框架，并研究影响税法遵从的商业环境和纳税人行为动机，制定风险管理策略，以更有针对性、更有效地分配可用资源。

二是树立法律面前人人平等的理念是顺利推行合作遵从的关键。合作遵从不应该以导致对纳税人的不同待遇或更优惠的税收结果为目标；相反，合作遵从应成为确保按期缴纳足额的税款，实现税法遵从的一种更有效的手段，成为各级税务部门采取各种遵从策略的共同目标。

三是税收法定原则是税企开展合作遵从的准绳。合作遵从首先要求纳税人要依法纳税，同时也要求税务机关要依法征税，这一准绳首先是用来判断纳税人税收筹划是否激进，其次判断纳税人是否开放和透明。特别在税法具体执行过程中，要使企业明确应该遵守所在国法律和规章的条文及其法律精神，领悟并遵从立法机关的意图，但企业并不需要缴纳超过法律规定的税款。

四是建立争议管理方法是合作遵从的有效方式。公开和透明是解决争议的关键，这种披露是自愿的还是强制的都不重要，重要的是纳税人和税务部门双方都有解决争议的意愿。只有双方都心存尽快解决争议的想法，建立争议管理方法，才能快速地解决问题。任何大企业和税务部门间纠纷的遗留问题可以通过协议或者诉讼来解决，但合作遵从这种新的工作方法在解决纠纷时却有着更显著的作用，可选择的解决方式有调解和仲裁等。

总之，合作遵从理论的实践应用，需要税企双方的同步互动，税务机关通过制定明确的税法遵从风险管理策略，对不同遵从水平的纳税人区别对待；纳税人通过建立税收控制框架，防控税务风险，实现税法遵从。

二、遵从管理理论在税收领域的实践

自合作遵从提出以来，建立大企业纳税人与税务机关之间合作和信任这样一种基础关系的国家越来越多。企业希望增强税收确定性从而降低税收风险，税务部门希望加强税收确定性实现管理成本的节约。在大企业税收管理实践中，税企之间的利益息息相关。从税务机关角度看，税务部门开展税法遵从风险管理应采用行之有效且成本效益较高的方法。新战略或者新方法作为一个健全的税法遵从风险管理体系的组成部分，必须有助于税务部门以最低成本(效率)实现其战略目标(效果)。此外，社会要求税务部门通过实施新战略、新方法为公共资产增值，形成确定的税收制度。从大企业角度看，在大企业开展经营活动所形成的不断变化的环境中，税务部门是不可或缺的一个组成部分。环境的变化也要求评估税法遵从的方法必须是动态的。如果税务部门与大企业之间能够建立更好的协商、协作关系，税务部门就可以更深入地了解大企业及其生存环境。税务部门在对大企业进行管理时将能够更准确地识别其税收风险，也将可以通过持续公开的对话和合作方式来协助大企业提高税收确定性。

第三章 企业纳税管理与争讼

第一节 税务登记管理

一、税务登记的含义与种类

（一）税务登记的含义

税务登记是税务机关对纳税人的生产经营活动进行登记管理的一系列法定制度。税务登记是税务管理工作的首要环节，是征纳双方法律关系成立的依据和证明。

建立企业税务登记制度，便于税务机关掌握和控制经济税源，对企业履行纳税义务的情况进行监督和管理，保障国家税款及时、足额收缴入库；同时也有利于增强企业依法纳税的观念，保护企业合法的税收权益。

（二）税务登记的种类

税务登记的种类主要包括开业税务登记、变更税务登记、注销税务登记、停业与复业税务登记四种。

I. 开业税务登记

开业税务登记是指新开业户在正式生产经营之前，在办理工商登记领取营业执照后向税务机关办理的登记。

2. 变更税务登记

变更税务登记是指纳税人在办理开业登记后，其登记内容发生变化（如生产经营项目、单位名称等改变），在办理变更工商登记后重新向税务机关办理的登记。

3. 注销税务登记

注销税务登记是指纳税人办理税务登记后发生解散、破产、兼并及撤销等行为时，依法向税务机关办理的登记。

4. 停业与复业税务登记

停业与复业税务登记是指纳税人在办理税务登记后，在生产经营停业期间及停业期满恢复营业时，依法向税务机关办理的登记。

二、税务登记管理的内容

（一）开业税务登记

1. 开业税务登记的适用范围

第一，企业。企业是指从事生产经营的单位或组织，包括国有、集体、私营企业，中外合资、合作企业和外商独资企业，以及各种联营、联合、股份制企业等。

第二，企业在外地设立的分支机构和从事生产经营的场所。

第三，个体工商业户。

第四，从事生产经营的事业单位。

第五，除临时取得应税收入或发生应税行为，以及只缴纳个人所得税和车船税外，不从事生产经营，但依照法律法规的规定负有纳税义务的单位和个人。

2. 开业税务登记的时间和地点

第一，从事生产经营的纳税人，应自领取营业执照之日起 30 日内，向生产经营地或纳税义务发生地的主管税务机关申报办理登记。

第二，除国家机关、个人和上述从事生产经营以外的其他纳税人外，原则上应自纳税义务发生之日起 30 日内，持有关证件向所在地主管税务机关申报办理登记。

第三，扣缴义务人应自扣缴义务发生之日起 30 日内，向所在地的主管税务机关申报办理扣缴税款登记，领取扣缴税款登记证件；对已办理税务登记的扣缴义务人，可只在其税务登记证件上登记扣缴税款事项，不再发给扣缴税款登记证件。

第四，跨地区的非独立核算分支机构应自设立之日起 30 日内，向所在地税务机关申报办理登记。

第五，从事生产经营的纳税人外出经营，在同一地点连续 12 个月内累计超过 180 天的，应自期满之日起 30 日内，向生产经营所在地税务机关申报办理登记。

第六，有独立生产经营权、在财务上独立核算并定期向发包人或出租人上交承包费或租金的承包承租人，应自承包承租合同签订之日起 30 日内，向其承包承租业务发生地税务机关申报办理登记。

第七，境外企业在中国境内承包建筑、安装、装配、勘探工程和提供劳务的，应自项目合同或协议签订之日起 30 日内，向项目所在地税务机关申报办理登记。

3. 开业税务登记的材料要求

第一，营业执照或其他核准执业证件及工商登记表，或其他核准执业登记表复印件。

第二，有关机关、部门批准设立的文件。

第三，有关合同、章程、协议书。

第四，法定代表人和董事会成员名单。

第五，法定代表人（负责人）或业主居民身份证、护照或其他证明身份的合法证件。

第六，组织机构统一代码证书。

第七，住所或经营场所证明。

第八，委托代理协议书复印件。

第九，享受税收优惠政策的企业，还包括提供的相应证明和资料，以及税务机关需要的其他资料和证件。

第十，企业在外地的分支机构或从事生产经营的场所，在办理税务登记时应提供总机构所在地税务机关出具的在外地设立分支机构的证明。

4. 开业税务登记的主要内容

税务登记必须全面、真实地反映纳税人的生产经营情况和其他与纳税相关的事项。其内容主要是填写税务登记表，其种类有内资企业税务登记表、分支机构税务登记表、个体经营税务登记表、涉外企业税务登记表和其他单位税务登记表。

税务登记表的项目内容主要包括：单位名称、法定代表人或业主姓名及其居民身份证、护照或其他合法证件的号码；纳税人住所、经营地点；经济性质或经济类型；企业形式与核算方式；生产经营范围与经营方式；注册资金（资本）、投资总额、开户银行及账号；生产经营期限、从业人数、营业执照号码及发照日期；财务负责人、办税人员、记账本位币、结算方式、会计年度和其他有关税务事项。

企业在外地设立分支机构或从事生产经营的场所，还应登记总机构的名称、地址、法定代表人、主要业务范围、财务负责人。外商投资企业和在中国境内设立机构的外国企业，还应登记结算方式、会计年度及境外机构的名称、地址、业务范围和其他事项。

对纳税人税务登记的内容，凡具有保密性质或要求保密的，税务机关应负责为其保密。

5. 开业税务登记的基本程序

（1）税务登记的申请

纳税人必须按照规定的期限，向当地主管税务机关及时申报办理税务登记手续，实事求是地填写申请税务登记报告书，并如实回答税务机关提出的问题。

（2）税务登记的受理

税务机关对申请办理税务登记的单位和个人所提供的申请税务登记报告书，以及报送的各种附列资料、证件进行查验，对手续完备、符合要求的，方可受理登记，并根据其经济类型发给相应的税务登记表，由纳税人认真填写。

（3）税务登记的审核

税务机关对纳税人填报的税务登记表、提供的证件和资料，应在收到之日起 30 日内审核完毕，符合规定的，予以登记；对不符合规定不予登记的，也应在 30 日内予以答复。

（4）核发税务登记证

税务机关对纳税人填报的税务登记表及附送资料、证件审核无误，应在 30 日内发给税务登记证件。其证件种类有税务登记证及其副本等。

（二）变更税务登记

变更税务登记是指纳税人税务登记内容发生重要变化，向税务机关申报办理的税务登记。主要规定包括：

l. 变更税务登记的范围

纳税人办理税务登记之后，如发生下列情形之一的，应办理变更税务登记手续：发生改变企业名称、法定代表人、经济性质或经济类型、住所和经营地点（不涉及主管税务机关变动的）、隶属关系、增减注册资金（资本）、生产经营或经营方式和生产经营期限，以及改变或增减银行账号、生产经营权属和其他税务登记内容的。

2. 变更税务登记的时间

纳税人办理税务登记内容发生变化时应自工商行政管理机关或其他机关办理变更登记之日起 30 日内，持有关证件向原税务登记机关申报办理变更税务登记；纳税人税务登记内容发生变化，不需要到工商行政管理机关或其他机关办理变更登记的，应自发生变化之日起 30 日内，持有关证件向原税务登记机关申报办理变更税务登记。

3. 变更税务登记的程序

其主要程序与开业税务登记程序大体相同，包括变更税务登记的申请、受理、审核和发证，其中核发变更税务登记证时，主管税务机关应收回原税务登记证的正本及副本，并按变更后的内容重新制发税务登记证（正、副本）。

（三）停业、复业税务登记

停业、复业税务登记是指纳税人发生停业、复业情形时，向税务机关申报办理的税务登记。主要包括停业税务登记和复业税务登记。

1. 停业税务登记

纳税人在营业执照核准的经营期限内需要停业的，应向税务机关提出停业税务登记申请，说明其理由、时间及停业前的纳税情况和发票的领、用、存情况，并如实填写申请停业登记表。

税务机关经过审核（必要时可以实地审查），应责成申请停业的纳税人结清税款，收回税务登记证件、发票领购簿和发票，并办理停业登记。纳税人停业期间发生纳税义务的，应及时向主管税务机关申报，并依法补缴应纳税款。

2. 复业税务登记

纳税人在停业后恢复生产经营的，应于恢复生产经营之前向税务机关提出复业税务登记申请，经确认后办理复业税务登记。领回或启用税务登记证件和发票领购簿及领购的发票，纳入正常的税收征收管理。

纳税人停业期满不能及时恢复生产经营的，应在停业期满前向税务机关提出延长停业登记。纳税人停业期满未按期复业又不申请延长停业的，税务机关应视为已恢复营业，实施正常的税收征收管理。

（四）注销税务登记

注销税务登记是指纳税人发生解散、破产、撤销和其他情形终止纳税义务时，向税务机关申报办理的税务登记。主要规定包括：

1. 注销税务登记的范围

注销税务登记的范围主要包括：纳税人因经营期限届满而自动解散；企业由于改组、分立、合并等原因而被撤销；企业资不抵债而破产；纳税人住所、经营地址迁移而涉及改变原主管税务机关；纳税人被工商行政管理部门吊销营业执照；纳税人依法终止履行纳税义务的其他情形。

2. 注销税务登记的时间

纳税人发生解散、破产、撤销和其他情形应当依法终止纳税义务的，应在向工商行政管理机关办理注销登记前，持有关证件向原税务登记管理机关申报办理注销税务登记；按照规定不需要在工商行政管理机关办理注销登记的，应自有关机关批准或宣告终止之日起15日内，持有关证件向原税务登记机关办理注销税务登记；纳税人被工商行政管理机关吊销营业执照的，应自营业执照被吊销之日起15日内向原税务登记机关办理注销税务登记。

纳税人因住所、生产经营场所发生变动而涉及改变主管税务登记机关的，应在向工商行政管理机关申请办理注销登记前，或住所、生产经营场所变动前，向原税务登记机关申报办理注销税务登记，并在30日内向迁达地主管税务登记机关申报办理注册税务登记手续。

3.注销税务登记的程序

（1）注销税务登记的申报

纳税人办理注销税务登记时，应向原税务登记机关领取注销税务登记申请审批表（以下简称审批表），如实填写注销登记事项和原因。

（2）注销税务登记的受理

主管税务机关接到纳税人填写的审批表，审阅其填报内容是否符合要求，所附资料是否齐全后，审查发票管理环节是否符合规定，等等。对符合规定条件的，予以受理。

（3）注销税务登记的核准

税务登记管理环节对审批表确认后填制税务文书传递单（以下简称传递单）并附审批表送税务稽查环节；稽查环节确定须对申请注销的纳税人进行实地稽查的，在传递单上注明批复期内的稽查期限，在审批表上签署税款清算情况，并及时将其返还税务登记环节。登记部门在纳税人结清税款（包括滞纳金、罚款）后，据以办理注销税务登记。

第二节　纳税申报制度

一、纳税申报的含义与意义

（一）纳税申报的含义

纳税申报是指纳税人在发生法定纳税义务后按照税法或税务机关的有关规定，向主管税务机关提交有关纳税事项书面报告的一项法定制度。它既是纳税人履行纳税义务的法定程序，又是税务机关核定应征税款和填写纳税凭证的主要依据。

（二）纳税申报的意义

纳税人进行纳税申报有利于其正确计算应纳税款，防止错缴、漏缴，便于税务机关掌握税源变化和纳税人的纳税情况，对强化以法治税、监控经济税源、加强征收管理、保证税款及时足额征收入库等都具有十分重要的作用。

二、纳税申报的期限与内容

（一）纳税申报的期限

我国《税收征管法》规定，纳税人和扣缴义务人必须依照法律规定或税务机关依法确定申报的期限、内容，如实办理纳税申报；纳税人在纳税期内没有应纳税款的，也应按照规定办理纳税申报。纳税人享受减免税待遇的，在减免税期间应按照规定办理纳税申报。

纳税人和扣缴义务人都必须按照法定的期限办理纳税申报手续。主要包括：一是法律法规明确规定的；二是税务机关按照法律法规的原则规定，结合纳税人生产经营的实际情况及应缴纳的税种所确定的。两种期限具有同等法律效力。

需要说明的是：纳税人办理纳税申报的期限最后一日，如遇公休日、节假日（指元旦、春节、国际劳动节、国庆节和星期六、星期日等)，可以顺延。

（二）纳税申报的内容

按照《征管法细则》规定，纳税申报的内容包括纳税申报表、代扣代收税款报告表、财务会计报表和其他有关纳税资料。

l. 纳税申报表

纳税申报表是指由税务机关统一印制的，纳税人进行纳税申报的书面报告。纳税申报表内容主要包括纳税人名称、税种、税款所属期限、应税项目、计税金额、适用税率、进项税额、应纳税额、缴库日期和其他应申报的项目。

2. 代扣代收税款报告表

代扣代收税款报告表是指由税务机关统一规定的，扣缴义务人进行纳税申报的书面报告。其主要内容有：扣缴义务人名称、被代扣代收税款的纳税人名称、税种、税目、税率、计税依据、代扣代收税额及税务机关规定应当申报的其他项目。

3. 财务会计报表

财务会计报表是指根据账簿记录和其他有关资料，按规定的指标体系和格式编制的报告文件。财务会计报表按时间划分，有月报、季报和年报等，按种类划分有资产负债表、利润表、现金流量表、财务状况变动表和财务情况说明书等。

4. 其他有关纳税资料

其他有关纳税资料主要包括：税务机关认为有必要申报的关于纳税申报表、财务会计报表的说明资料；与纳税有关的合同及协议书及凭证；税控装置的电子报税资料；外出经营活动税收管理证明和异地完税凭证；境内、境外公证机构出具的有关证明文件；税务机关规定应当报送的其他有关证件和资料。

三、纳税申报的方式与要求

（一）纳税申报的方式

《税收征管法》规定，纳税人和扣缴义务人可直接办理纳税申报或报送代扣代缴、代收代缴税款报告表，也可按照规定采取邮寄、数据电文或其他方式办理纳税申报。一般分为直接申报和特殊申报两大类。

1. 直接申报

直接申报是指纳税人和扣缴义务人直接到主管税务机关办理纳税申报。主要包括以表申报、IC 卡申报、微机录入卡申报和数据电文申报等。

（1）以表申报

以表申报是指纳税人和扣缴义务人发生纳税义务后，向所在地主管税务机关以纳税申报表为主办理的纳税申报。

（2）IC 卡申报

IC 卡申报是指纳税人和扣缴义务人将应税收入和应纳税额等数据资料输入 IC 卡报税器，税务微机员将 IC 卡中数据输入微机并与税票数据核对无误盖章后的纳税申报。

（3）微机录入卡申报

微机录入卡申报是指纳税人和扣缴义务人将应税收入、应纳税额等数据资料输入微机录入卡，缴纳税款后向税务机关提交纳税申报表、微机录入卡和完税凭证等资料，税务微机员将其数据输入微机审核无误后的纳税申报。

（4）数据电文申报

数据电文申报是指纳税人和扣缴义务人采用电子数据交换、电子邮件、电报、电传或传真等方法向税务机关办理的纳税申报。数据电文是指经电子、光学手段或类似手段生成、储存或传递的信息，包括电子数据交换（EDI）、电子邮件、电报、电传或传真等。

2. 特殊申报

纳税人和扣缴义务人除直接办理申报以外，情况特殊或经批准，可采取下列特殊方式进行申报：

（1）邮寄申报

邮寄申报指纳税人和扣缴义务人通过邮局寄送的方法向税务机关办理纳税申报。以寄出地的邮戳日期为实际申报日期。凡实行查账征收的纳税人，经主管税务机关批准，可采取邮寄纳税申报的办法。

（2）延期申报

延期申报指纳税人和扣缴义务人不能按规定的期限办理的纳税申报。纳税人和扣缴义务人因不可抗力或财务处理上的特殊原因，不能按期办理纳税或扣缴税款申报的，经省级国家税务局或地方税务局批准可延期申报，但最长不得超过 3 个月。其税款应按上期或税务机关核定的税额预缴，并在核准的延期内办理税款结算。但不可抗力情形消除后，应立即向主管国家税务机关报告。

（3）其他申报

其他申报指实行简易申报、简并征期等方式的纳税申报。主要适用于定期定额缴纳税款的纳税人。简易申报是指实行定期定额的纳税人在法律规定的期限内或税务机关依法确定的期限内缴纳税款，税务机关可视同申报；简并征期是指纳税人经税务机关批准，将纳税期限合并为按季、半年或按年进行的税款缴纳。

（二）纳税申报的要求

纳税人和扣缴义务人办理纳税申报时，应如实填写纳税申报表或代扣代收税款报告表，并根据不同情况相应报送有关证件、资料。纳税人和扣缴义务人要按照其规定的内容填写，并加盖单位公章，做到表内整洁、指标齐全、数字准确。税务机关收到纳税申报表或代扣代收税款报告表后，要及时审核、正确计算税款，并督促其办理税款缴库手续。

此外，国家税务总局还规定，纳税人对申报内容的真实性、税款计算的准确性和申报资料的完整性，应负法律责任。

第三节　纳税违法处罚

一、纳税违法行政处罚

纳税违法行政处罚是指税务机关对纳税人和扣缴义务人违反税收法律制度而又达不到司法机关立案标准的行为所给予的处罚。根据《税收征管法》等法律制度规定，税务机关对纳税人税务违法行为的行政处罚主要有以下三方面：

（一）一般税务违法行为的处罚

1.一般违反税务管理行为的处罚

纳税人有下列行为之一的，由税务机关责令限期改正，可处 2000 元以下的罚款，情节严重处 2000 ～ 10 000 元的罚款：未按规定的期限申报办理税务登记、变更或注销登记及证件验证或换证手续的；未按规定设置、保管账簿或保管记账凭证和有关资料的；未按规定将财务、会计制度或财务会计处理办法和会计核算软件报送税务机关备查的；未按照规定将其全部银行账号向税务机关报告的；以及未按规定安装、使用税控装置或损毁或擅自改动税控装置的。

2.违反税务登记管理行为的处罚

对纳税人不办理税务登记的，由税务机关责令限期改正；逾期不改正的，经税务机关提请，由工商行政管理部门吊销其营业执照；纳税人未按照规定使用税务登记证件或转借、涂改、损毁、买卖、伪造税务登记证件的，可处 2000 ～ 10 000 元的罚款；情节严重的，处 10 000 ～ 50 000 元的罚款。

3.违反纳税申报管理行为的处罚

对纳税人未按规定的期限办理纳税申报和报税资料的，或扣缴义务人未按规定的期限报送代扣代缴、代收代缴税款报告表和有关资料的，由税务机关责令限期改正，可处 2000 元以下罚款；情节严重的，可处 2000 ～ 10 000 元的罚款。

4.违反账证资料管理行为的处罚

对扣缴义务人未按规定设置、保管代扣代缴税款账簿或保管代扣代缴、代收代缴税款记账凭证及有关资料的，由税务机关责令限期改正，可处 2000 元以下的罚款；情节严重的，处 2000 ～ 5000 元的罚款。

5.违反完税凭证管理行为的处罚

对非法印制、转借、倒卖、变造或伪造完税凭证的，由税务机关责令改正，可处 2000 ～ 10 000 元的罚款；情节严重的，可处 10 000 ～ 50 000 元的罚款；构成犯罪的，依法追究刑事责任。

6.违反账户账号管理行为的处罚

银行和其他金融机构未按《税收征管法》规定，在从事生产经营纳税人的账户中登录税务登记证件号码，或未按规定在税务登记证件中登录从事生产经营的纳税人的账户账号的，由税务机关责令其限期改正，可处 2000~20 000 元的罚款；情节严重的，可处 20 000 ～ 50 000 元的罚款。

（二）欠税、偷税、骗税和抗税的处罚

1. 对欠税行为的处罚

欠税是指纳税人应纳税款逾期未缴纳的行为。税务机关对欠税者除令限期补缴欠税款外，还应从滞纳税款之日起按日加收滞纳税款万分之五的滞纳金。

纳税人欠缴税款采取转移或隐匿财产手段，妨碍税务机关追缴欠税款的，由税务机关追缴欠缴的税款、滞纳金，并处欠缴税款 0.5 ～ 5 倍的罚款；构成犯罪的，依法追究其刑事责任。

2. 对偷税行为的处罚

偷税是指纳税人采取伪造、变造、隐匿、擅自销毁账簿和记账凭证，或在账簿上多列支出或不列、少列收入，或经税务机关通知申报而拒不申报或进行虚假的纳税申报，不缴或少缴应纳税款的行为。

对纳税人偷税的，由税务机关依法追缴偷税款、滞纳金，并处以偷税数额 0.5 ～ 5 倍的罚款，其具体的罚款数额由税务机关根据纳税人偷税数额大小、次数多少、影响如何等具体确定；构成犯罪的，依法追究刑事责任。

扣缴义务人采取上述的手段，不缴或少缴已扣、已收税款，由税务机关追缴其不缴或少缴的税款、滞纳金，并处以不缴或少缴税款 0.5 ～ 5 倍的罚款；构成犯罪的，依法追究刑事责任。

3. 对骗税行为的处罚

骗税是指企业事业单位采取对所生产或经营的商品假报出口或其他欺骗手段，骗取国家出口退税款的行为。

对骗取国家出口退税款的，由税务机关追缴其骗取的退税款，并处骗取税款 1 ～ 5 倍的罚款，具体罚款倍数及数额由行政执法机关根据情节确定；构成犯罪的，依法追究刑事责任。对骗取国家出口退税款的，税务机关可在规定期间内停止为其办理出口退税。

4. 对抗税行为的处罚

抗税是指纳税人、扣缴义务人以暴力、威胁方法拒不缴纳税款的行为。

对纳税人抗税的，除由税务机关追缴其拒缴的税款、滞纳金外，由司法机关追究刑事责任；情节轻微，未构成犯罪的，由税务机关追缴其拒缴的税款、滞纳金，并处拒缴税款 1 ～ 5 倍的罚款，具体数额由行政执法机关，依据其行为的情节轻重、影响恶劣程

度等确定。

（三）其他税务违法行为的处罚

1. 对虚假纳税申报的处罚

纳税人、扣缴义务人编造虚假计税依据的，由税务机关责令限期改正，并处 50 000 元以下的罚款，具体罚款数额由税务机关根据违法情节确定；纳税人不进行纳税申报或不缴或少缴应纳税款的，由税务机关追缴其不缴或少缴的税款、滞纳金，并处不缴或少缴税款 0.5 ～ 5 倍的罚款，具体罚款的倍数由行政执法机关根据违法行为情节的轻重来确定。

2. 不缴或少缴税款的处罚

纳税人、扣缴义务人在规定期限内不缴或少缴应纳或应缴的税款，经税务机关责令限期缴纳，逾期仍未缴纳的，税务机关除可采取强制执行措施追缴其不缴或少缴的税款外，可处以不缴或少缴税款 0.5 ～ 5 倍的罚款，具体数额由行政执法机关根据违法行为情节的轻重等来确定。

3. 未扣或未收税款的处罚

扣缴义务人应扣未扣、应收未收税款的，由税务机关向纳税人追缴税款，对扣缴义务人处以应扣未扣、应收未收税款 0.5 ～ 3 倍的罚款，具体罚款数额由行政执法机关根据违法情节确定，但扣缴义务人已将纳税人拒绝代收代扣情况报告税务机关的除外。

4. 对阻挠税务检查的处罚

纳税人、扣缴义务人逃避、拒绝或以其他方式阻挠税务机关检查的，由税务机关责令改正，可处 10 000 元以下的罚款；情节严重的，可处 10 000 ～ 50 000 元的罚款。

5. 对非法印制发票的处罚

违反《税收征管法》规定非法印制发票的，由税务机关销毁非法印制的发票，没收违法所得和作案工具，并处 10 000 ～ 50 000 元的罚款；构成犯罪的，依法追究其刑事责任。

6. 拒不接受税务处理的处罚

从事生产经营的纳税人、扣缴义务人有《税收征管法》规定的税收违法行为，拒不接受税务机关处理的，税务机关可收缴其发票或停止向其出售发票。

7. 拒绝存款账户检查的处罚

纳税人、扣缴义务人的开户银行或其他金融机构, 拒绝接受税务机关依法检查纳税人、扣缴义务人的存款账户, 或拒绝执行税务机关已做出的冻结存款或扣缴税款的决定, 或在接到税务机关的书面通知后帮助纳税人、扣缴义务人转移存款, 造成税款流失的, 由税务机关处 10 万～50 万元的罚款, 对直接负责的主管人员和其他直接责任人员处 1000～10 000 元的罚款。

8. 非法提供纳税方便的处罚

为纳税人、扣缴义务人非法提供银行账户、发票、证明或其他方便而导致的未缴、少缴税款或骗取国家出口退税款的, 税务机关除没收其违法所得外, 可处未缴、少缴或骗取的税款 1 倍以下的罚款。

9. 拒绝交通要道检查的处罚

税务机关依法到车站、码头、机场、邮政企业以及其分支机构检查纳税人有关情况时, 有关单位拒绝的, 由税务机关责令改正, 可处 1 万元的罚款; 情节严重的, 可处 10 000～50 000 元的罚款。

10. 税务代理违法行为的处罚

税务代理人违反税收法律、行政法规, 造成纳税人未缴或少缴税款的, 除由纳税人缴纳或补缴应纳税款、滞纳金外, 对税务代理人处纳税人未缴或少缴税款 50% 以上 3 倍以下的罚款。

二、纳税违法司法处罚

纳税违法司法处罚是指司法机关对纳税人和扣缴义务人违反税收法律及有关法律达到其立案标准的行为所给予的刑事制裁。目前, 在我国一般由各级人民法院经济法庭代为受理, 并行使税务司法职能。根据《征管法》《刑法》等法律规定, 纳税人税务违法的司法处罚主要有以下几方面:

(一) 直接妨害税款征收的犯罪

1. 偷税罪

偷税罪是指纳税人采取伪造、变造、隐匿、擅自销毁账簿和记账凭证, 在账簿上多列支出或不列、少列收入, 经税务机关通知申报而拒不申报, 或进行虚假纳税申报的手段,不缴或少缴应纳税款、偷税情节严重的行为。扣缴义务人采取上述手段不缴或少缴已扣、已收代缴税款数额占应缴税额的 10% 以上且超过 1 万元的，依照偷税罪处理。

依据《刑法》规定，犯偷税罪的，偷税数额占应缴税额的 10% 以上、不满 30% 且偷税数额在 1 万元以上不满 10 万元，或因偷税被税务机关给予过两次行政处罚又偷税的，可处 3 年以下有期徒刑或拘役，并处偷税数额 1 ~ 5 倍罚金；偷税数额占应缴税额 30% 以上且超过 10 万元的，可处 3 ~ 7 年有期徒刑，并处偷税数额 1 ~ 5 倍的罚金。单位犯偷税罪的，对单位判处罚金，并对其直接负责的主管人员和其他直接责任人依照自然人犯偷税罪处理。

2. 抗税罪

抗税罪是指以暴力、威胁方法拒不缴纳税款的行为。所谓暴力、威胁方法是指对税务工作人员人身进行打击、强制或对税务工作人员施以精神上的压力，如殴打、围攻、捆绑、恐吓、要挟税务工作人员等。

依据《刑法》规定，犯抗税罪的，可处 3 年以下有期徒刑或拘役，并处拒缴税款 1 ~ 5 倍罚金；情节严重的（一般是指抗税数额较大、多次抗税、抗税造成税务工作人员伤亡的，造成较为恶劣影响等），可处 3 ~ 7 年有期徒刑，并处拒缴税款 1 ~ 5 倍的罚金。

3. 逃税罪

逃税罪是指纳税人欠缴应纳税款，采取转移或隐匿财产的手段，致使税务机关无法追缴欠缴税款数额较大的行为。

依据《刑法》规定，犯逃税罪的，其税款数额在 1 万 ~ 10 万元的，可处 3 年以下有期徒刑或拘役，并处或单处欠缴税款 1 ~ 5 倍的罚金；数额在 10 万元以上的，可处 3 ~ 7 年有期徒刑，并处欠缴税款 1 ~ 5 倍的罚金。单位犯逃税罪的，对单位判处罚金，并对其直接负责的主管人员和其他直接责任人员依照自然人犯逃避追缴欠税罪处理。

4. 骗税罪

骗税罪是指采取假报出口或其他欺骗手段，骗取国家出口退税款数额较大的行为。

依据《刑法》规定，犯骗税罪的，可处 5 年以下有期徒刑或拘役，并处骗取税款 1 ~ 5 倍的罚金；骗取国家出口退税数额巨大或有其他严重情节的，可处 5 ~ 10 年有期徒刑，并处骗取税款 1 ~ 5 倍罚金；数额特别巨大或有其他特别严重情节的，可处 10 年以上有期徒刑或无期徒刑，并处骗取税款 1 ~ 5 倍罚金或没收财产。

单位犯骗取出口退税罪的，对单位判处罚金，并对其直接负责的主管人员和其他直接责任人员依照自然人犯骗取出口退税罪处理。

（二）妨害发票管理的犯罪

1. 虚开专用发票罪

虚开专用发票罪是指违反税收法规虚开增值税专用发票或用于骗取出口退税、抵扣税款的其他专用发票的行为，所谓虚开既包括在没有任何货物交易的情况下凭空填写，也包括在有一定货物交易的情况下填写不实。

依据《刑法》规定，犯虚开专用发票罪的，可处 3 年以下有期徒刑或拘役，并处 2 万元至 20 万元罚金；虚开税款数额较大或有其他严重情节的，可处 3 ～ 10 年有期徒刑，并处 5 万元至 50 万元罚金；虚开税款数额巨大或有其他特别严重情节的，可处 10 年以上有期徒刑或无期徒刑，并处 5 万元至 50 万元罚金或没收财产；骗取国家税款数额特别巨大，情节特别严重，给国家利益造成特别重大损失的，可处无期徒刑或死刑并处没收财产。

单位犯虚开专用发票罪的，对单位判处罚金，并对其直接负责的主管人员和其他直接责任人员处 3 年以下有期徒刑或拘役；虚开的税款数额较大或有其他严重情节的，可处 3 ～ 10 年有期徒刑；虚开的税款数额巨大或有其他特别严重情节的，可处 10 年以上有期徒刑或无期徒刑。

2. 伪造、出售伪造专用发票罪

伪造、出售伪造专用发票罪是指非法印制或出售非法印制的增值税专用发票的行为。除国家税务总局统一印制的增值税专用发票，其他单位或个人私自印制的，即构成伪造，也包括变造增值税专用发票的行为。

依据《刑法》规定，犯伪造、出售伪造的增值税专用发票罪的，可处 3 年以下有期徒刑、拘役或管制，并处 2 万元至 20 万元罚金；数量较大或有其他严重情节的，可处 3 ～ 10 年有期徒刑，并处 5 万元至 50 万元罚金；数量巨大或有其他特别严重情节的，可处 10 年以上有期徒刑或无期徒刑，并处 5 万元至 50 万元罚金或没收财产；数量特别巨大、情节特别严重、严重破坏经济秩序的，处无期徒刑或死刑，并处没收财产。

单位犯伪造、出售伪造专用发票罪的，对单位判处罚金，并对其直接的主管人员和其他直接责任人员，可处 3 年以下有期徒刑、拘役或管制；数量较大或有其他严重情节的，可处 3 ～ 10 年有期徒刑；数量巨大或有其他特别严重情节的，可处 10 年以上有期徒刑或无期徒刑。

3. 非法出售专用发票罪

非法出售专用发票罪是指无权发售增值税专用发票的单位或个人违反国家发票管理法规，将增值税专用发票出售的行为。

依据《刑法》规定，犯非法出售专用发票罪的，可处 3 年以下有期徒刑、拘役或管制，并处 2 万元至 20 万元罚金；数量较大的，处 3～10 年有期徒刑，并处 5 万元至 50 万元罚金；数量巨大的，可处 10 年以上有期徒刑或无期徒刑，并处 5 万元至 50 万元罚金或没收财产。

单位犯非法出售专用发票罪的，对单位判处罚金，并对其直接负责的主管人员和其他直接责任人员依照自然人犯非法出售增值税专用发票罪处理。

4. 非法购买伪造专用发票罪

非法购买伪造专用发票罪是指通过非法方式购买增值税专用发票或明知是伪造的增值税专用发票而购买的行为。

依据《刑法》规定，犯非法购买伪造专用发票罪的，可处 5 年以下有期徒刑或拘役，并处或单处 2 万元至 10 万元罚金。

单位犯非法购买伪造专用发票罪的，对单位判处罚金，并对其直接负责的主管人员和其他直接责任人员依照自然人犯非法购买伪造专用发票罪处理。

5. 非法制造、出售非法制造其他专用发票罪

非法制造、出售非法制造其他专用发票罪是指伪造、擅自制造或出售伪造、擅自制造的，除增值税专用发票以外的，可用于骗取出口退税、抵扣税款的其他专用发票的行为。

依据《刑法》规定，犯非法制造、出售非法制造其他专用发票罪的，可处 3 年以下有期徒刑、拘役或管制，并处 2 万元至 20 万元罚金；数量巨大的，可处 3～7 年有期徒刑，并处 5 万元至 50 万元的罚金；数量特别巨大的，可处 7 年以上有期徒刑，并处 5 万元至 50 万元的罚金或没收财产。

单位犯非法制造、出售非法制造其他专用发票罪的，对单位判处罚金，并对其直接负责的主管人员和其他直接责任人员依照自然人犯非法制造、出售非法制造其他专用发票罪处理。

6. 非法制造、出售非法制造普通发票罪

非法制造、出售非法制造普通发票罪是指伪造、擅自制造或出售伪造、擅自制造的，可以用于骗取出口退税、抵扣税款以外的其他普通发票的行为。

依据《刑法》的规定，犯非法制造、出售非法制造普通发票罪的，可处 2 年以下有期徒刑、拘役或管制，并处或单处 1 万元至 5 万元罚金；情节严重的，可处 2～7 年有期徒刑，并处 5 万元至 50 万元罚金。

单位犯非法制造、出售非法制造普通发票罪的，对单位判处罚金，并对其直接负责的主管人员和其他直接责任人员按自然人犯非法制造、出售非法制造普通发票罪处理。

7. 非法出售其他专用发票罪

非法出售其他专用发票罪是指非法出售除增值税专用发票以外的，可以用于骗取出口退税、抵扣税款的其他专用发票的行为。

依据《刑法》规定，犯非法出售其他专用发票罪的，可处 3 年以下有期徒刑、拘役或管制，并处 2 万元至 20 万元罚金；数量巨大的，可处 3 ～ 7 年有期徒刑，并处 5 万元至 50 万元罚金；数量特别巨大的，可处 7 年以上有期徒刑，并处 5 万元至 50 万元罚金或没收财产。

单位犯非法出售其他专用发票罪的，对单位判处罚金，并对其直接负责的主管人员和其他直接责任人员依照自然人犯非法出售其他专用发票罪处理。

8. 非法出售发票罪

非法出售发票罪是指非法出售不能用于骗取出口退税、抵扣税款的普通发票的行为。

依据《刑法》规定，犯非法出售发票罪的，可处 2 年以下有期徒刑、拘役或管制，并处或单处 1 万元至 5 万元的罚金；情节严重的，可处 2 ～ 7 年有期徒刑，并处 5 万元至 50 万元的罚金。

单位犯非法出售发票罪的，对单位判处罚金，并对其直接负责的主管人员和其他直接责任人员依照自然人犯非法出售发票罪处罚。

（三）其他税务违法行为的犯罪

1. 伪造或倒卖完税凭证的处罚

对伪造或倒卖伪造的完税凭证的，可处 2 年以下有期徒刑、拘役或管制，并处或单处凭证金额的 1 ～ 5 倍罚金；数额巨大的，可处 2 ～ 7 年有期徒刑，并处凭证金额 1 ～ 5 倍的罚金。

2. 阻碍税务依法公务的处罚

对以暴力、威胁方法阻碍税务工作人员依法执行公务的，可以处 3 年以下有期徒刑、拘役、管制或罚金。

3. 冒充税务人员行骗的处罚

对冒充税务工作人员招摇撞骗的，可以处 3 年以下有期徒刑、拘役、管制或剥夺政治权利；情节严重的，可处 3 ～ 10 年有期徒刑。

第四节　税务行政争讼

一、税务行政争讼的概念

（一）税务行政争讼的基本含义

税务行政争讼是税务行政复议与税务行政诉讼的合称，是指在税务机关与纳税当事人（纳税人、扣缴义务人和纳税担保人等）之间发生纳税或处罚不服时所进行的税务行政或司法行为。

税务行政复议是指纳税当事人（纳税人、扣缴义务人和纳税担保人等）不服税务机关及其工作人员做出的具体行政行为，根据当事人的申请，由上一级税务机关（复议机关）对复议申请内容进行复查并做出裁决的一种税务行政行为。

税务行政诉讼是指纳税当事人认为税务机关及其工作人员的具体行政行为违法或不当依法向人民法院提起行政诉讼，由人民法院按司法程序对具体税务行政行为的合法性和适当性进行审判的活动。

（二）税务行政复议与诉讼的关系

税务行政复议与诉讼是国家行政管理法制监督的组成部分，它们之间既有联系，又有区别。两者在法律关系上的共同性表现为两者的目的都是为了解决税务行政争议，且争议的一方都是税务机关；它们的法律关系表现为"三方性"，即争讼的税务机关、当事人和复议的上级税务机关或司法仲裁的人民法院；在税务行政争议的法律关系中，争议双方的法律地位是平等的，由复议税务机关或法院依法做出裁决。

税务行政复议与诉讼的区别主要表现为：受理机关不同。复议由税务机关受理，而诉讼由人民法院受理。执行顺序不同。对征收税款、加收滞纳金的争议，应在其履行的前提下先进行复议，对复议决定不服再依法提起诉讼；而对税务处罚、强制执行和税收保全等行为，当事人可申请复议或直接依法起诉，不必以复议为必经程序。适用程度不同。诉讼适用司法程序，其特征是严格、全面和公正，而复议是司法化的行政程序，兼有行政和司法两重性。调节广度不同。法院受理的税务行政诉讼案一般只做出维持或撤销的判决，而复议的裁决除可做出撤销或维持处理决定外，还可依法做出变更的决定等。此外，税务行政复议具有前置原则，即行政处理优先于行政诉讼。

二、税务行政复议制度

（一）税务行政复议机关

1.税务行政复议机关的含义

税务行政复议机关（以下简称复议机关），是指依法受理行政复议申请，对税务具体行政行为进行审查并做出行政复议决定的税务机关。复议机关可成立行政复议委员会，研究重大、疑难案件，提出处理建议；委员会可邀请本机关以外的具有相关专业知识的人员参加。

复议机关必须强化责任意识和服务意识，树立依法行政观念，认真履行税务行政复议职责，忠于法律，确保法律正确实施，坚持有错必纠。

根据现行规定，复议机关是做出具体行政行为的税务机关的上一级税务机关或地方人民政府。各级税务机关应建立健全法制工作机构，配备专职行政复议、应诉工作人员，保证行政复议与应诉工作的顺利开展。

2.税务行政复议机关的职责

复议机关是负责税收法制工作的专门机构，具体办理行政复议事项，履行下列职责：

第一，受理行政复议申请。

第二，向有关组织和人员调查取证，查阅文件和资料。

第三，审查申请行政复议的具体行政行为是否合法与适当，起草行政复议决定。

第四，处理或转送对税务机关的具体行政行为所依据的规定认为不合法而提出复议的审查申请。

第五，对被申请人违反行政复议法及其实施条例《税务行政复议规则》规定的行为，依照规定的权限和程序向相关部门提出处理建议。

第六，研究行政复议工作中发现的问题，及时向有关机关或部门提出改进建议，重大问题及时向行政复议机关报告。

第七，指导和监督下级税务机关的行政复议工作。

第八，办理或组织办理行政诉讼案件应诉事项。

第九，办理行政复议案件的赔偿事项。

第十，办理行政复议、诉讼、赔偿等案件的统计、报告、归档工作和重大行政复议决定备案事项。

第十一，其他与行政复议工作有关的事项。

税务行政复议工作人员应当具备与履行行政复议职责相适应的品行、专业知识和业务能力，并取得行政复议法实施条例规定的资格。

（二）税务行政复议范围

1. 税务行政复议的受案范围

复议机关受理申请人对税务机关下列具体行政行为不服提出的行政复议申请。

第一，征税行为。征税行为包括确认纳税主体、征税对象、征税范围、减税、免税、退税、抵扣税款、适用税率、计税依据、纳税环节、纳税期限、纳税地点和税款征收方式等具体行政行为，征收税款、加收滞纳金，扣缴义务人、受税务机关委托的单位和个人做出的代扣代缴、代收代缴、代征行为等。

第二，行政许可、行政审批行为。

第三，发票管理行为，包括发售、收缴、代开发票等。

第四，税收保全措施、强制执行措施。

第五，行政处罚行为。其行为包括：罚款、没收财物和违法所得、停止出口退税权。

第六，不依法履行下列职责的行为。其行为包括：颁发税务登记；开具、出具完税凭证及外出经营活动税收管理证明；行政赔偿；行政奖励；其他不依法履行职责的行为。

第七，资格认定行为。

第八，不依法确认纳税担保行为。

第九，政府信息公开工作中的具体行政行为。

第十，纳税信用等级评定行为。

第十一，通知出入境管理机关阻止出境行为。

第十二，其他具体行政行为。

2. 税务行政复议的管辖范围

税务行政复议的管辖基本制度，原则上是实行由上一级税务机关管辖的复议制度。其规定主要包括：

第一，对各级国税局的具体行政行为不服的，向其上一级国税局申请行政复议。

第二，对各级地税局的具体行政行为不服的，可以选择向其上一级地税局或该税务局的本级人民政府申请行政复议。省、自治区、直辖市人民代表大会及其常务委员会、人民政府对地方税务局的行政复议管辖另有规定的，从其规定。

第三，对国家税务总局的具体行政行为不服的，向国家税务总局申请行政复议。对行政复议决定不服，申请人可以向人民法院提起行政诉讼，也可以向国务院申请裁决。国务院的裁决为最终裁决。

第四，对下列税务机关的具体行政行为不服的，按照下列规定申请行政复议：

①对计划单列市税务局的具体行政行为不服的，向省税务局申请行政复议。

②对税务所（分局）、各级税务局的稽查局的具体行政行为不服的，向其所属税务局

申请行政复议。

③对两个以上税务机关共同做出的具体行政行为不服的，向共同上一级税务机关申请行政复议；对税务机关与其他行政机关共同做出的具体行政行为不服的，向其共同上一级行政机关申请行政复议。

④对被撤销的税务机关在撤销以前所做出的具体行政行为不服的，向继续行使其职权的税务机关的上一级税务机关申请行政复议。

⑤对税务机关做出逾期不缴纳罚款加处罚款的决定不服的，向做出行政处罚决定的税务机关申请行政复议。但对已处罚款和加处罚款都不服的，一并向做出行政处罚决定的税务机关的上一级税务机关申请行政复议。有上述②至⑤项所列情形之一的，申请人也可向具体行政行为发生地的县级地方人民政府提交行政复议申请，由接受申请的县级地方人民政府依法转送。

（三）税务行政复议申请

I. 税务行政复议参加人

参加人是指在复议机关的组织下，依法参加税务行政复议活动的申请人、第三人、代理人和被申请人。

（1）税务行政复议的申请人

其申请人是指依法提起税务行政复议的税务当事人。申请人主要包括以下情形：

①合伙企业申请行政复议的，应以工商行政管理机关核准登记的企业为申请人，由执行合伙事务的合伙人代表该企业参加行政复议。其他合伙组织申请行政复议的，由合伙人共同申请行政复议。

②股份制企业的股东大会、股东代表大会、董事会认为税务具体行政行为侵犯企业合法权益的，可以以企业的名义申请行政复议。

③有权申请行政复议的公民死亡的，其近亲属可申请行政复议；有权申请行政复议的公民为无行为能力人或限制行为能力人，其法定代理人可代理申请行政复议。

④有权申请行政复议的法人或其他组织发生合并、分立或终止的，承受其权利义务的法人或其他组织可申请行政复议。

⑤非具体行政行为的行政管理相对人，但其权利直接被该具体行政行为所剥夺、限制或被赋予义务的公民、法人或其他组织，在行政管理相对人没有申请行政复议时，可单独申请行政复议。

⑥同一行政复议案件申请人超过5人的，应推选1～5名代表参加行政复议。

（2）税务行政复议的第三人

其第三人是指与申请税务行政复议的具体行政行为有利害关系的其他公民、法人或其他组织。复议机关在行政复议期间，认为申请人以外的公民、法人或其他组织与被审查的具体行政行为有利害关系的，可通知其作为第三人参加行政复议。

行政复议期间，申请人以外的公民、法人或其他组织与被审查的税务具体行政行为有利害关系的，可向行政复议机关申请作为第三人参加行政复议。

（3）税务行政复议的代理人

其代理人是指受申请人或第三人的委托，在法律规定或当事人委托的权限范围内进行税务行政复议活动的人。申请人、第三人可委托 1～2 名代理人参加行政复议，并向行政复议机构提交授权委托书。公民在特殊情况下无法书面委托的，可口头委托；口头委托的，行政复议机构应当核实并记录在卷。申请人、第三人解除或变更委托的，应书面告知行政复议机构。

（4）税务行政复议的被申请人

其被申请人是指纳税人或其他税务当事人不服做出具体行政行为的税务机关。被申请人主要包括以下情形：

①申请人对具体行政行为不服申请行政复议的，做出该具体行政行为的税务机关为被申请人。

②申请人对扣缴义务人的扣缴税款行为不服的，主管该扣缴义务人的税务机关为被申请人。对税务机关委托的单位和个人的代征行为不服的，委托税务机关为被申请人。

③税务机关与法律、法规授权的组织以共同的名义做出具体行政行为的，其税务机关和该组织为共同被申请人。税务机关与其他组织以共同名义做出具体行政行为的，税务机关为被申请人。

④税务机关按法律、法规和规章规定，经上级税务机关批准做出具体行政行为的，批准机关为被申请人。申请人对经重大税务案件审理程序做出的决定不服的，审理委员会所在税务机关为被申请人。

⑤税务机关设立的派出机构、内设机构或其他组织，未经法律、法规授权，以自己名义对外做出具体行政行为的，税务机关为被申请人。

⑥被申请人不得委托本机关以外人员参加行政复议。

2. 税务行政复议申请的要求

（1）复议的时限

申请人可在知道税务机关做出具体行政行为之日起 60 日内提出行政复议申请；因不可抗力或被申请人设置障碍等其他正当理由耽误法定申请期限的，申请期限的计算应扣除被耽误时间。

申请人提出税务行政复议申请时错列被申请人的，复议机关应当告知申请人变更被申请人。申请人不变更被申请人的，复议机关不予受理，或驳回行政复议申请。

（2）复议的条件

申请人对《税务行政复议规则》规定的征税行为不服的，应先向复议机关申请行政复议；对行政复议决定不服的，可向人民法院提起行政诉讼。

申请人申请行政复议的，必须依照税务机关根据法律法规确定的税额、期限，先行缴纳或解缴税款和滞纳金，或提供相应的担保，才可在缴清税款和滞纳金后或所提供的担保得到做出具体行政行为的税务机关确认之日起 60 日内提出行政复议申请。

申请人对税务机关做出逾期不缴纳罚款加处罚款的决定不服的，应先缴纳罚款和加处罚款，再申请行政复议。

（3）复议的方式

申请人采取书面申请行政复议的，可采取当面递交、邮寄或传真等方式提出申请。有条件的复议机关可接受以电子邮件形式提出申请，对以传真、电子邮件形式提出行政复议申请的，复议机关应审核确认申请人的身份及复议事项。

申请人口头申请行政复议的，行政复议机构应当依照《税务行政复议规则》规定行政复议申请书中规定的事项，当场制作行政复议申请笔录，交申请人核对或向其宣读，并由申请人确认。

（4）直接的诉讼

申请人对规定征税行为以外的其他具体行政行为不服，可申请行政复议，也可直接向人民法院提起行政诉讼。

申请人向复议机关申请税务行政复议，复议机关已经受理的，在法定行政复议期限内申请人不得向法院提起行政诉讼；申请人向法院提起行政诉讼，法院已经依法受理的，不得申请税务行政复议。

（四）税务行政复议受理

1. 税务行政复议受理的条件

行政复议申请符合下列规定的，复议机关应当受理。

第一，属于《税务行政复议规则》规定的税务行政复议范围。

第二，在法定申请期限内提出。

第三，有明确的申请人和符合规定的被申请人。

第四，申请人与具体行政行为有利害关系。

第五，有具体的税务行政复议请求和理由。

第六，符合《税务行政复议规则》规定的税务行政复议申请的条件。

第七，属于收到税务行政复议申请的复议机关的职责范围。

第八，其他复议机关尚未受理同一税务行政复议申请，法院尚未受理同一主体就同一事实提起的税务行政诉讼。

2. 税务行政复议受理的时限

复议机关收到税务行政复议申请后，应在 5 日内进行审查，决定是否受理。复议机关收到行政复议申请后，未按规定期限审查并做出不予受理决定的，视为受理。

复议机关对符合规定的行政复议申请，自行政复议机构收到之日起即为受理；受理行政复议申请，应书面告知申请人。

行政复议申请材料不齐全、表述不清楚的，行政复议机构可自收到该行政复议申请之日起 5 日内书面通知申请人补正。补正通知应载明需要补正的事项和合理的补正期限。无正当理由逾期不补正的，视为申请人放弃行政复议申请。

3. 税务行政复议的不予受理

对不符合规定的行政复议申请，决定不予受理，并书面告知申请人。对不属于本机关受理的行政复议申请，应当告知申请人向有关行政复议机关提出。

4. 上级税务机关的复议受理

上级税务机关认为复议机关不予受理行政复议申请的理由不成立的，可督促其受理；经督促仍然不受理的，责令其限期受理。

上级税务机关认为有必要的，可直接受理或提审由下级税务机关管辖的行政复议案件。如果认为行政复议申请不符合法定受理条件的，应告知申请人。

5. 复议期间行政行为的执行

行政复议期间税务具体行政行为不停止执行，但有下列情形之一的，可停止执行：一是被申请人认为需要停止执行的；二是复议机关认为需要停止执行的；三是申请人申请停止执行，复议机关认为其要求合理而决定停止执行的；四是法律规定停止执行的。

6. 行政复议之外的行政诉讼

对应先向复议机关申请行政复议，对复议决定不服再向法院提起行政诉讼的具体行政行为，复议机关决定不予受理或受理后超过行政复议期限不做答复的，申请人可自收到不予受理决定书之日起或行政复议期满之日起 15 日内，依法向法院提起行政诉讼。对按规定延长行政复议期限（不得超过 30 日）的，以延长后的时间为行政复议期满时间。

（五）税务行政复议决定

1. 税务行政复议的审查

第一，行政复议机构应自受理行政复议申请之日起 7 日内，将行政复议申请书副本或复议申请笔录复印件发送被申请人。被申请人应自收到申请书副本或申请笔录复印件之日起 10 日内提出书面答复，并提交当初做出具体行政行为的证据、依据和其他有关材料。

复议机关审查被申请人的具体行政行为时认为其依据不合法，本机关有权处理的，应在 30 日内依法处理；无权处理的，应在 7 日内按照法定程序逐级转送有权处理的国家机关依法处理。处理期间，中止对具体行政行为的审查。

第二，行政复议原则上采用书面审查办法，但申请人提出要求或行政复议机构认为有必要时，应听取申请人、被申请人和第三人的意见，并向有关组织和人员调查了解情况。

复议机关应全面审查被申请人的具体行政行为所依据的事实证据、法律程序、法律依据和设定的权利义务内容的合法性、适当性。

2.税务行政复议的听证

第一，对重大、复杂的案件，申请人提出要求或行政复议机构认为必要时，可采取听证的方式审理。

第二，行政复议机构决定举行听证的，应将举行听证的时间、地点和具体要求等事项通知申请人、被申请人和第三人。第三人不参加听证的，不影响听证的举行。

第三，听证应公开举行，但涉及国家秘密、商业秘密或个人隐私的除外。听证应制作笔录。申请人、被申请人和第三人应确认听证笔录内容。

3.税务行政复议的决定

（1）税务行政复议的基本结论

其结论包括维持、撤销、变更或确认违法、重新做出和予以驳回。行政复议机构应对被申请人的具体行政行为提出审查意见，经复议机关负责人批准，按照下列规定做出行政复议决定：

①具体行政行为认定事实清楚，证据确凿，适用依据正确，程序合法，内容适当的，决定维持。

②被申请人不履行法定职责的，决定其在一定期限内履行。

③具体行政行为有下列情形之一的，决定撤销、变更或确认该具体行政行为违法：主要事实不清、证据不足的；适用依据错误的；违反法定程序的；超越职权或滥用职权的；具体行政行为明显不当的。

（2）做出撤销的具体行政行为

被申请人对已受理的行政复议申请，不按照规定提出书面答复，提交当初做出具体行政行为的证据、依据和其他有关材料的，视为该具体行政行为没有证据、依据，决定撤销该具体行政行为。

（3）重新做出的具体行政行为

复议决定撤销或确认该具体行政行为违法的，可责令被申请人在一定期限内重新做出具体行政行为。被申请人重新做出具体行政行为的，除特殊情况以外，不得以同一事实和理由做出与原具体行政行为相同或基本相同的具体行政行为，不得做出对申请人更为不利的决定。所谓特殊情况是指复议机关以原具体行政行为违反法定程序决定撤销的，以及以原具体行政行为主要事实不清、证据不足或适用依据错误决定撤销的。

（4）做出变更的具体行政行为

有下列情形之一的，复议机关可决定变更：认定事实清楚，证据确凿，程序合法，但是明显不当或者适用依据错误的；认定事实不清，证据不足，但经行政复议机关审理查明事实清楚，证据确凿的。

（5）予以驳回的具体行政行为

有下列情形之一的，行政复议机关应决定驳回行政复议申请：申请人认为税务机关不履行法定职责申请行政复议，复议机关受理后发现该税务机关没有相应法定职责或在受理以前已经履行法定职责的；受理行政复议申请后，发现该行政复议申请不符合行政复议法及其实施条例和《税务行政复议规则》规定受理条件的。

上级税务机关认为复议机关驳回行政复议申请的理由不成立的，应当责令限期恢复受理。复议机关审理行政复议申请期限的计算，应当扣除因驳回耽误的时间。

4.税务行政复议的中止

行政复议期间，有下列情形之一的，行政复议中止。

第一，作为申请人的公民死亡，其近亲属尚未确定是否参加行政复议的。

第二，作为申请人的公民丧失参加行政复议能力，尚未确定法定代理人参加行政复议的。

第三，作为申请人的法人或其他组织终止，尚未确定权利义务承受人的。

第四，作为申请人的公民下落不明或被宣告失踪的。

第五，申请人、被申请人因不可抗力，不能参加行政复议的。

第六，行政复议机关因不可抗力暂时不能履行工作职责的。

第七，案件涉及法律适用问题，需要有权机关做出解释或确认的。

第八，案件审理需要以其他案件的审理结果为依据，而其他案件尚未审结的。

第九，其他需要中止行政复议的情形。

行政复议中止原因消除后，应及时恢复行政复议案件的审理。行政复议机构中止、恢复行政复议案件的审理，应告知申请人、被申请人和第三人。

5.税务行政复议的终止

行政复议期间，有下列情形之一的，行政复议终止。

第一，申请人要求撤回行政复议申请，行政复议机构准予撤回的。

第二，作为申请人的公民死亡，没有近亲属，或其近亲属放弃行政复议权利的。

第三，作为申请人的法人或其他组织终止，其权利义务的承受人放弃行政复议权利的。

第四，申请人与被申请人依照《税务行政复议规则》的规定，经行政复议机构准许达成和解的。

第五，行政复议申请受理以后，发现其他行政复议机关已经先于本机关受理，或法院已经受理的。

依照《税务行政复议规则》行政复议的中止第一项至第三项规定中止行政复议，满

60 日行政复议中止的原因未消除的，行政复议终止。

6.税务行政复议的赔偿

申请人在申请行政复议时可一并提出行政赔偿请求，复议机关对符合国家赔偿法的规定应当赔偿的，在决定撤销、变更具体行政行为或确认具体行政行为违法时，应当同时决定被申请人依法赔偿。

申请人在申请行政复议时没有提出行政赔偿请求的，复议机关在依法决定撤销、变更原具体行政行为确定的税款、滞纳金、罚款和对财产的扣押、查封等强制措施时，应当同时责令被申请人退还税款、滞纳金和罚款，解除对财产的扣押、查封等强制措施，或赔偿相应的价款。

（六）税务行政复议执行

1.税务行政复议决定的送达

复议机关应自受理申请之日起 60 日内做出行政复议决定。情况复杂不能在规定期限内做出复议决定的，经复议机关负责人批准可适当延期，并告知申请人和被申请人，但延期不得超过 30 日。

复议机关做出行政复议决定应制作行政复议决定书，并加盖复议机关印章。行政复议决定书一经送达，即发生法律效力。

2.税务行政复议决定的履行

被申请人应履行行政复议决定。被申请人不履行、无正当理由拖延履行行政复议决定的，复议机关或有关上级税务机关应责令其限期履行。申请人、第三人逾期不起诉又不履行复议决定的，或不履行最终裁决的复议决定的，按照下列规定分别处理。

第一，维持具体行政行为的行政复议决定，由做出具体行政行为的税务机关依法强制执行，或申请法院强制执行。

第二，变更具体行政行为的行政复议决定，由复议机关依法强制执行，或申请人民法院强制执行。

（七）税务行政复议监管

1.行政复议的督导工作

各级复议机关应加强对履行行政复议职责的监督。行政复议机构负责对行政复议工作进行系统督促、指导。各级税务机关应建立健全行政复议工作责任制，将行政复议工作纳入本单位目标责任制。

各级税务机关应按照职责权限，通过定期组织检查、抽查等方式，检查下级税务机关的行政复议工作，并及时向有关方面反馈检查结果。

2. 行政复议的工作建议

复议机关在行政复议期间，发现被申请人和其他下级税务机关的相关行政行为违法或须做好善后工作的，可制作行政复议意见书。有关机关应自收到意见书之日起 60 日内，将其纠正情况报告复议机关。

行政复议期间行政复议机构发现法律、法规和规章实施中带有普遍性的问题，可制作行政复议建议书，向有关机关提出完善制度和改进行政执法的建议。

3. 复议案件资料的存档

省级以下各级税务机关应定期向上一级税务机关提交行政复议、应诉、赔偿统计表和分析报告，及时将重大复议决定报上一级行政复议机关备案。

行政复议机构应按照规定将行政复议案件资料立卷归档。其案卷应按照行政复议申请分别装订立卷，一案一卷，统一编号，做到目录清晰、资料齐全、分类规范、装订整齐。

三、税务行政诉讼制度

（一）税务行政诉讼的受案与管辖

1. 税务行政诉讼的受案范围

税务行政诉讼的受案范围，在内容上大体与税务行政复议的受案范围一致。此外，还包括税务机关的复议行为，即复议机关改变了原具体行政行为和期限届满税务机关不予答复的情形。

2. 税务行政诉讼的管辖

税务行政诉讼管辖是指人民法院之间受理第一审税务案件的职权分工。具体分为级别管辖、地域管辖和裁定管辖。

（1）级别管辖

级别管辖是指上下级人民法院之间受理第一审行政案件的分工和管理权限。根据《诉讼法》的规定，基层法院管辖一般的税务行政诉讼案件；中高级人民法院管辖本辖区内重大、复杂的税务行政诉讼案件；最高人民法院管辖全国范围内重大、复杂的税务行政诉讼案件。

（2）地域管辖

地域管辖是指同级人民法院之间受理第一审行政案件的分工和管理权限。分一般地域管辖和特殊地域管辖两种：前者是指按照最初做出具体行政行为的机关所在地来确定管辖法院，即由最初做出具体行政行为的税务机关所在地人民法院管辖；后者是指根据特殊行政法律关系或特殊行政法律关系所指的对象来确定管辖法院，即经过税务行政复议的案件，复议机关改变原具体行政行为的，由原告选择最初做出具体行政行为的税务机关所在地人民法院或复议机关所在地人民法院管辖。

（3）裁定管辖

裁定管辖是指人民法院依法自行裁定的管辖，包括移送管辖、指定管辖和管辖权的转移。其中移送管辖是指人民法院已经受理的案件，移送给有管辖权的人民法院审理；指定管辖是指上级人民法院以裁定的方式，指定某下一级人民法院管辖某一案件；管辖权的转移是指上、下级人民法院对其所管辖的案件，在认为必要等情况时可以移交或报请审理。

（二）税务行政诉讼的起诉和受理

1. 税务行政诉讼的起诉

税务行政诉讼的起诉是指公民、法人或其他组织认为自己的合法权益受到税务机关具体行政行为的损害而向人民法院提出诉讼要求，请求人民法院依法予以保护的诉讼行为。

纳税当事人在提出税务行政诉讼时，必须符合下列条件：一是原告是认为具体税务行政行为侵犯其合法权益的公民、法人或其他组织；二是有明确的被告；三是有具体的诉讼请求和事实、法律根据；四是属于人民法院受案范围和受诉人民法院管辖。

根据《中华人民共和国行政诉讼法》等规定，对税务机关征税行为提起的诉讼，必须先经复议，对复议决定不服的，可在接到复议决定书之日起 15 日内向人民法院起诉；对其他具体行政行为不服的，当事人可在接到通知或知道之日起 15 日内直接向人民法院起诉。但特殊情形下（如税务机关未告知纳税当事人起诉权和起诉期限等），起诉期限为 10 年。

在税务行政诉讼中，起诉权是单向性的权利，税务机关只有应诉权，且作为被告的税务机关也不能反诉。

2. 税务行政诉讼的受理

对纳税当事人的起诉，人民法院一般从以下几方面进行审查并做出是否受理的决定：审查是否属于法定的诉讼受案范围；审查是否具备法定的起诉条件；审查是否已经受理或正在受理；审查是否有管辖权；审查是否符合法定的期限；审查是否经过必经复议程序。

根据有关法律规定，人民法院接到诉状，经过审查，应当在 7 日内立案或做出裁定不予受理。原告对不予受理的裁定不服的，可以提起上诉。

（三）税务行政诉讼的审理和判决

1. 税务行政诉讼的审理

人民法院审理行政案件实行合议、回避、公开审判和两审终审的审判制度。审理的核心是审查被诉具体行政行为是否合法，即做出该行为的税务机关是否依法享有该税务行政管理权；该行为是否依据一定的事实和法律做出；税务机关做出该行为是否遵照必备的程序；等等。

2. 税务行政诉讼的判决

人民法院对受理的税务行政案件，经过调查、搜集证据和开庭审理之后，分别做出如下判决。

（1）维持判决

该判决适用于具体行政行为证据确凿，适用法律、法规正确，符合法定程序的案件。

（2）撤销判决

被起诉的具体行政行为主要证据不足，适用法律、法规错误，违反法定程序或超越职权、滥用职权，应判决撤销或部分撤销，并判决税务机关重新做出具体行政行为。

（3）履行判决

税务机关不履行或拖延履行法定职责的，判决应在一定期限内履行。

（4）变更判决

税务行政处罚显失公正的，可以判决变更。

对一审人民法院的判决不服，当事人可以上诉；对发生法律效力的判决，当事人必须执行，否则人民法院有权依据对方当事人的申请予以强制执行。

第四章　企业税务筹划管理

第一节　企业税务筹划的基本理论

一、税务筹划的概念和分类

可以说，与税收同样历史悠久的是纳税人对税收的抗争。一部税收史，同时也是一部税收抗争史。如何评价税收与税收抗争？这要区分不同社会制度、不同税收法治环境，不能一概而论。我国唐代诗人杜荀鹤的诗中曾经写道："任是深山更深处，也应无计避征徭。"如果纳税人"有计避征徭"，即如果能够通过税务筹划方式减轻自己的税收负担，则不会去做违反、对抗税法之事。据史料记载，在19世纪中叶的意大利，就有税务专家对企业和个人开展税务咨询，而税务咨询大多是有关税务筹划的内容。但在一个相当长的历史时期，"税务筹划"只能说是原始意义上的税务筹划。它从企业计划中独立出来，并逐步形成一套较为完整的理论与实务体系，应该是在20世纪50年代。我国应是从20世纪90年代中期开始研究税务筹划理论与实务的。

（一）税务筹划的概念

在发达国家，纳税人对税务筹划早已耳熟能详，而在我国，税务筹划尚处于初始阶段。但不论是法人还是自然人，对税务筹划越来越关注已是不争的事实。何谓税务筹划，又是言人人殊。

在我国，首先是称呼不同，有"税务筹划""纳税筹划"和"税收筹划（策划）"等之称；其次是主体不同，即"筹划（策划）"是包括征纳双方两类主体，还是仅指纳税人一类主体，至于称为"税务筹划"或是"税收筹划"等，还是税务筹划包括税收筹划与纳税筹划，似乎不是最核心的问题。

在征纳双方法律地位平等但不对等的情况下，对公法来说，应遵循"法无授权不得行"的原则。如果征管方也可进行"筹划"，则会造成对公法的滥用。对纳税人来说，可遵循"法无明文不为过（罪）"的原则。因此，涉税筹划只应（能）是纳税人（企业、单位和个人）的"筹划"或"策划"，即纳税人进行税务筹划是其一项基本权利，而征管方只能依法征管、依法治税。在明确筹划主体的前提下，再根据会计理论与实务的划分，既然税务会计与税收会计是两类非常明确的会计主体，那么纳税人的纳税筹划称为"税务筹划"似乎更好。基于上述认识，本书认为税务筹划有狭义与广义之分。狭义的税务筹划仅指节税；广义的税务筹划既包括节税，又包括避税，还包括税负转嫁。节税的天地并不宽，税负转嫁仅限于间接税，手段比较单一，而避税的弹性和空间则比较大。在企业税务筹划实务中，节税、避税、税负转嫁既可单独采用，也可同时采用。

税务筹划是纳税人依据所涉及的税境，在遵守税法、尊重税法的前提下，规避涉税风险，控制或减轻税负，以实现税后收益最大化的谋划、对策与安排。也可以说，税务筹划是一种努力寻找纳税人自身经营活动与税收法规契合点的行为，是一种自主行为、自我受益的行为（当然也是自担风险的行为）。税务筹划的基本理念是精心安排企业的财务活动，最大限度地避免税法的影响。

从学科建设的角度分析，税务筹划既可以是税务会计的一个组成部分，也可以作为一个独立的学科，因为无论是税务会计还是税务筹划，都是涉及两门以上学科知识的现代边缘学科。如果将税务筹划视为一门新兴的边缘学科，那么它应该属于财务学科的范畴。

（二）税务筹划的分类

根据不同的划分标准，税务筹划可以有不同的分类，一般有以下几种。

1.按税务筹划的主体分类

根据本书对税务筹划含义的理解，税务筹划的主体只能是纳税人，包括企业（含事业单位，下同）和个人两类。税务筹划的行为人既可以是税务筹划的主体，也可以是其聘请的税务顾问。

企业税务筹划是企业通过其投资活动、融资活动和日常经营活动等涉税财务事项，在现行税法等有关法律环境下，采用税务筹划的技术和方法进行的、有利于实现其财务目标的税务筹划。

个人税务筹划是个人通过精心安排其个人投资、经营和消费活动等，实现减轻税负的行为。

2.按税务筹划的期限分类

按税务筹划的期限分类，可以分为短期税务筹划和长期税务筹划两类。长、短期的划分一般以一年或一个经营周期为界。

短期税务筹划主要运用于税务筹划主体的日常经营活动和短期投资、融资活动，主要追求的是少缴税，以达到降低税负的目的。

长期税务筹划主要运用于税务筹划主体的长期投资、融资决策和长期营销战略，以便更好地实现筹划主体的财务目标、可持续发展能力和企业战略目标。

3. 按税务筹划的区域分类

按税务筹划的区域分类，即按税收管辖权分类，可以分为国内税务筹划和国际税务筹划两类。

国内税务筹划是在一国的税境下，税务筹划主体利用所在国税法规定的差异性和某些特殊条款，精心安排其经营活动、投资和融资活动等，以获得最大的税收利益。

国际税务筹划是跨国纳税人在国际税收环境下，利用各国税法规定的差异性和国际税收协定的具体条款，通过人的流动和非流动、物的流动和非流动等的策划，以期最大限度地规避税负，使其全球（整个集团）利益最大化。

4. 按税务筹划采用的手段分类

按税务筹划采用的手段分类，可以将税务筹划分为节税筹划、避税筹划和税负转嫁。

（三）税务筹划是纳税人的基本权益

在市场经济条件下，国家承认企业的独立法人地位，企业行为自主化，企业利益独立化。企业作为独立法人，所追求的目标是如何最大限度地、合理合法地满足自身的经济利益。无论从法律还是从企业行为看，企业权益归根到底是企业的权利和利益。企业利益是从企业权利派生的，有权利才可能有利益。任何利益都产生于一定的权利。企业权利是客观存在的，是由企业赖以生存的社会经济条件及企业承担的义务决定的。可以说，有什么样的社会经济条件就有什么样的企业义务，就有什么样的企业权利以及由此派生出来的企业利益。

企业权利作为社会经济发展一定时期的产物，其内在质与量的规定性要由这种内容的形式表现并明确下来。这种形式就是法律。法律对权利的规定是实施权利的前提，但还需要企业在遵守法律的同时，主动地实现其需求，即企业对自己采取的主动而有意识的行为及其后果，事先要有所了解，预测将给企业带来的利益。税务筹划就是这种具有法律意识的主动行为。

税务筹划是纳税人的一项基本权利。纳税人在法律允许或不违反税法的前提下，有从事经济活动、获取收益的权利，有选择生存与发展、兼并与破产的权利；税务筹划所取得的收益应属合法收益。

税务筹划是企业对其资产、收益的正当维护，属于企业应有的经济权利。纳税人对经济利益的追求可以说是一种本能，具有明显的排他性和为己的特征，其最大限度地维护自己的利益是十分正常的。税务筹划应是在企业权利的边界内或边界线上。超越企业权利的范围和边界，必然构成对企业义务的违背、践踏，而超越企业义务的范围和边界，又必然构成对企业权利的破坏和侵犯。对纳税人来说，遵守权利的界限是其应承担的义务，坚守义务的界限又是其应有的权利。税务筹划没有超越企业权利的范围，应属于企业的正当权利。

税务筹划是企业对社会赋予其权利的具体运用，属于企业应有的社会权利。企业的社会权利是指法律规定并允许的受社会保障的权利。它不应因企业的所有制性质、经营状况、贡献大小不同而不等。在对待税务筹划上的态度上，政府不能对外资企业与内资企业、国有企业与非国有企业采取不同的态度，不能对某类企业默许或认同，而对其他企业反对或制止。其实，对企业正当的税务筹划活动进行打压，恰恰助长了逃、抗、骗、欠税现象的滋生。因此，鼓励企业依法纳税、遵守税法的最明智办法是让企业（纳税人）充分享受其应有的权利（其中包括税务筹划），而不是剥夺其权利，促使其走违法之途。

企业税务筹划的权利与企业的其他权利一样，都有特定界限，超越（不论主动还是被动）这个界限就不再是企业的权利，而是违背企业的义务，就不再是合法，而是违法。企业的权利与义务不仅互为条件、相辅相成，而且可以相互转换。在纳税上，其转换的条件是：

第一，当税法中存在的缺陷被纠正或税法中不明确的地方被明确后，企业相应的筹划权利就会转换成纳税义务。如某种税由超额累进税率改为固定比例税率后，纳税人利用累进级距的不同税率而进行的筹划就不存在了。

第二，当国家或政府对税法或条例中的某项（些）条款或内容重新解释并明确其适用范围后，纳税人原有的权利就可能转变成义务。由于税法或条例中的某项（些）条款或内容规定不明确或不适当，纳税人就有了税务筹划的权利。如果国家或政府发现后予以重新解释或明确其适用范围，那么，有些纳税人就可能不再享有筹划的权利了，而且再发生这种经济行为就可能变为纳税义务。

第三，当税法或条例中的某项（些）特定内容被取消后，税务筹划的条件随之消失，企业的筹划权利就转换为纳税义务。如某项税收优惠政策（对某一地区或某一行业）取消后，纳税人就不能再利用这项优惠政策进行筹划，而只能履行正常的纳税义务。

第四，当企业因实施税务筹划而对其他纳税人（法人、自然人）的正常权利构成侵害时，企业的筹划权利就要受到制约，就要转变为尊重他人权利的义务。这就是说，企业税务筹划权利的行使是以不伤害、不妨碍他人权利为前提的。

二、税务筹划的动因和意义

（一）税务筹划的动因

根据组织行为学理论，可从行为人的内在心理因素和外在环境因素两方面分析企业进行税务筹划的动因。目前，世界各国的财政收入一般都包括税收收入和规费收入两大类。对企业（纳税人）来说，其所负担的"税"与"费"是有差异的：①税收具有对"公共服务""公共物品"付费的性质，规费具有对"个人服务"付费的性质；②税收的纳税对象是税法规定范围内的所有纳税人，具有普遍性、统一性，其"支出"与"受益"没有直接的对应性，规费则是针对特定受益者，具有受益与其支出的直接对应性；③税收是政府的集中性收入，一般不具有特定用途，而规费一般具有特定用途。

由于"税"与"费"的上述差异，企业一般更乐意支付与其享受的特定服务有关的收费，或认为缴纳规费是不能避免的，但认为其享受的公共服务、公共物品是抽象的、人人可享的，与其是否纳税和纳税多少没有直接关系，因此，总是希望尽可能地减轻自己的税收负担，即尽可能争取晚纳税、少纳税甚至不纳税，但同时又希望尽可能争取多享受政府提供的公共服务和公共物品。

现代企业理论从个人交易行为的角度理解企业，将企业视为一系列契约的联结，是个人之间产权交易的组织结构，它是企业与企业（单位）、企业与政府、企业与个人（个人投资者、个人债权人、经营者、职工等）之间的契约，且各契约关系人之间又必然存在利益冲突（博弈）。在承认经济人的逐利本性、契约的不完备性和相当一部分契约是以会计信息为基础等前提条件的情况下，部分契约关系人（如经营者、投资者）便有动机、有条件、有机会进行某种（些）安排（操纵），以实现企业价值或税后利润最大化的目标。因此，只要在税收契约中承认会计确认和计量的某些原则和方法、允许进行某些会计政策选择，只要在税收契约中能够利用会计资料作为计税依据，在税收契约的执行过程中，理性的企业（纳税人）就会具有强烈的意识，追求企业税收利益最大化。纳税人为了税后收益的最大化，必然要充分考虑各契约方当前和未来的税收情况，以及税收政策的变化将如何影响供应商、客户、竞争对手等的行为。

现代经济学研究有两个基本假定前提，即资源是稀缺的，人是理性的。资源的稀缺要求人们对资源的使用应以效率为原则，使之发挥最大效用；经济人假设认为人是理智的、清醒的，即对自身行为的成本收益、风险有清楚的认识，在特定环境下，总是尽可能追求自身利益的最大满足。税务筹划也是遵循现代经济学的这两个基本假定前提。另外，根据信息经济学理论，当信息不对称时，企业既有动机利用其掌握的会计信息进行盈余管理，也有可能充分利用其掌握的会计信息最大限度地寻求自己的税收利益，即存在粉饰效应。

由此可见，不论从组织行为学理论，还是从现代企业理论、经济学理论分析，减轻税负、实现税后利润最大化是企业（纳税人）生来具有的动机和不懈追求的目标。既然税收是政府凭借政治权力和公共权力的强制性征收，没有人负有缴纳法定税款之后再额外多缴税款的爱国义务。相反，纳税人会寻找各种途径 [合法（避税）和不合法（逃税）] 使税后收益最大化。好的管理者们力图在法律允许的情况下，在最晚的时刻支付最少的所得税。企业（纳税人）恒久存在税务筹划的行为动因，但主观动机最终是否能够通过税务筹划的形式得以实现，则主要取决于企业所处的客观环境和条件。

（二）税务筹划的客观环境和条件

企业减轻税负、实现税后利润最大化的目标可以有多种途径，按其是否违法进行分类，可以分为违法与不违法两类，而税务筹划则属后者。企业能否或愿否通过税务筹划方式实现其财务目标，还需要一定的客观环境和条件。

I. 税收法律制度

健全、合理、规范的税收法律制度将大大缩小纳税人逃税等违法行为的空间，从而促使其通过税务筹划寻求自己的税收利益。这也是企业逐步成熟和行为理性的标志。

影响整个社会经济运行的导向意图，会在公平税负、税收中性的一般原则下，渗透税收优惠政策，如不同类型企业的税负差异，不同产品税基的宽窄，税率的高低，不同行业、不同经济事项进项税额的抵扣办法，减税、免税、退税政策等。因存在税收的优惠政策（税式支出），同种税在实际执行中的差异并非完全统一（非中立性）的税收法制，无疑为企业选择自身利益最大化的经营理财行为（进行税务筹划）提供了客观条件。企业利用税收法制的差异进行旨在减轻税负的税务筹划，如果仅从单纯的、静态的税收意义上说，的确有可能影响国家收入的相对增长，但这是短期的，因为税制的这些差异是国家对社会经济结构规模进行能动的、有意识的优化调整，即力图通过倾斜的税收政策诱导企业在追求自身利益最大化的同时，转换企业经营机制，实现国家的产业政策调整、资源的合理开发和综合利用以及环境保护等意图。以发展的眼光从长远看，对企业、对国家都是有利的，这是国家为将来取得更大的预期收益而支付的有限的机会成本。因此，企业利用税制的非完全同一性所实现的税负减轻，与其说是利用了税收制度的差异，不如说是对税法意图的有效贯彻执行。

在税收实践中，除了上述税收政策导向性的差异外，税收法律制度也会存在自身难以克服的各种纰漏，即真正的缺陷或不合理，如税法、条例、公告、解释等不配套、不一致，政策模糊、笼统，内容不完整、不统一，税目、税率设置不合理或税制太复杂等。这也为企业进行税务筹划提供了可资利用的条件。对此，不论国家（政府）基于维护其声誉、利益的目的而做出怎样的解释或结论，从理论上说，不能认为企业进行的税务筹划是不合法的，从而给予处罚，也不能从道德的范畴、用舆论的方式予以谴责。尽管它可能与国家税收立法的意图相背离，国家只能在不断健全和完善税收法律制度上去努力。企业也应该认识到，税务筹划应该尽可能地从长远考虑、从整体考虑，过分看重眼前的、局部的税收利益可能会招致更大的、整体的潜在损失，或者扭曲企业的投、融资财务决策行为。

2. 税收执法环境

税收执法环境包括外部环境和内部环境。外部环境是指税收征收管理人员的专业素质和执业水平。税收征管人员的专业素质和执业水平直接影响纳税人的纳税行为。如果其整体素质和执业水平较高，能够做到严格依法监管、依法治税、依率计征、公平高效，保证税法在具体执法环节及时、准确到位，形成良好的税收执法环境，那么纳税人要想获得税收利益，只有通过税务筹划方式，一般不会或不易、不敢做出违反税法等有关法律法规之事。如果在税收征管中"人治"明显，税款缴纳没有统一标准和规范，执法弹性大，违反税法的行为不能受到应有的惩罚，那么在这种税收执法环境下，纳税人采用最简单、最"便捷"的方法（当然是违法、违规的方法）就能达到其少缴税或不缴税的目的，而且其成本及风险非常低，企业当然就不会苦心孤诣地去进行税务筹划。

税务筹划需要熟知税法及相关法律法规并熟练掌握税务筹划方法，亦即需要高素质的专业人才，同时也就意味着企业必须投入较多的人力资源成本；如果聘请税务筹划（咨询）专家，也需要支付较高的劳务费用。可以说，纳税人为了减轻自己的税收负担，实现税后利润最大化，是采用理性的税务筹划方式还是采用非理性的逃税等违法方式，在很大程度上受外部税收执法环境的影响。

内部税收执法环境是指企业内部高管层对减轻企业税收负担、实现税后利润最大化所持态度（其"态度"当然受其依法纳税意识，即其任职能力、政策水平等的影响）。根据受托责任观，企业会计人员要接受企业高管层的领导，执行其纳税意图。如果企业高管层整体素质较低、法制观念较差，就会直接要求或唆使、强令会计人员通过税务违法的手段达到其目的，企业为此会面临高风险。如果企业高管层整体素质较高、法制观念较强，就会在企业内部营造良好的税收执法环境，会计人员就会通过合法或不违法的途径，即通过税务筹划方式谋求企业的税收利益，有利于提高企业的税务管理和会计管理水平。

（三）税务筹划的行为规范

企业要在有关法律（不限税法）约束下，通过内在经营机制的优化而谋取最大限度的利益增值。这是企业经营理财（含税务筹划）的行为准则和根本出发点。税务筹划作为企业维护自身利益的必要手段，不能仅考虑税负的减轻，而应将减轻税负置于企业的整体理财目标之中，为此，要充分考虑（分析）：①企业采取怎样的行为方式才能达到最佳的税务筹划效果，即有利于企业财务目标的最大化；②税务筹划的实施对企业当前和未来发展是否会产生现实的或潜在的损失；③企业取得的税务筹划效应与形成的机会成本配比的结果是否真正有利于企业内在经营机制的优化和良性循环；④企业税务筹划行为的总体实施是否具有顺应动态市场的应变能力，即具有怎样的结构弹性、可能的结构调整成本及风险程度；⑤企业进行的税务筹划是否存在受法律惩处的可能性，一旦避税不利将给企业带来什么后果；等等。单纯为了减轻税负可能降低税务筹划的效果，甚至可能出现以下负效应：

第一，税务筹划的显性收益抵补不了税务筹划的显性成本（税务筹划的费用过大，收不抵支）；

第二，税务筹划的显性收益虽然大于相应的显性成本，但其显性净收益低于机会成本；

第三，税务筹划的净收益虽然超过了机会成本（损失），但因片面税务筹划动机导致的筹资、投资或经营行为短期化，使企业资金运动的内在秩序受到干扰，影响企业资金未来的获利能力，形成潜在损失；

第四，存在触犯法律的可能性，形成有形或无形的机会损失。

由此可见，单凭主观动机并不一定就能减轻税负、降低税收成本，而只有将主观动机与决策素质（水平）较好地融会于具体的经营理财行为中，并通过对客观环境和条件的深刻理解与充分把握，在对国家未来经济政策走向、国内外市场动态准确预测的基础上，才能有效而持续地进行税务筹划。

（四）法律对税务筹划的行为约束

纳税人在进行税务筹划时，一定要谨记国家的法律约束（反避税措施等），因为各国一般都赋予税务当局质询纳税人交易或事项是否能够"通过嗅觉检查"的权力，即审查其交易或事项究竟是出于有效商业目的还是避税目的。如果纳税人所进行的交易或事项被认为没有有效（合理）商业目的而有避税嫌疑，或者类似的经济结果可以使用更简单的交易即可获得，税务当局有权对其交易重新界定，这就会对纳税人不利。即使纳税人的交易或事项的商业目的可以得到证实，也不一定就能获得税收优惠。因此，要全面理解和掌握有关法律约束原则。

1. 推定收入原则

推定收入原则是税务当局有权调整纳税人的税务会计方法，以保证能够清晰地反映其收入，因为大部分会计方法的采用都可能推迟应税收入的实现。为阻止纳税人隐瞒其已经实现的收入，以便于税款征收，税务当局会按推定收入原则确认纳税人的应税收入。

2. 实质重于形式原则与商业目的原则

实质重于形式原则允许税务当局透过合法的交易形式审查其交易实质。商业目的原则就是要求证明其交易的正当性。

3. 收入转移原则

收入转移是纳税人使某一方代表其将收入支付给第三方，从而使应纳税义务也转移到第三方（假定第三方享有较低的税级）。例如，纳税人可能希望将合伙企业的收入（树上结的果实）而不是合伙企业的资本（树本身）转移。所谓收入转移原则是指，纳税人为了成功地转移应税收入必须赠予整棵树。

4. 关联方合同

在交易方是关联方的情况下，税务当局对该问题的关注程度肯定要大于交易方利益相反时的情况。因为有相反利益的双方不可能总是能够对合法形式与经济实质两者相差甚远的合同达成一致，否则，当一方违反合同约定义务时，法庭可能不会保护另一方的财产权利。一旦供货商在本次供货中拿到了高于市价的货款，他就很难在下一次依生产商的意愿再将价格压下来，或者供货商可能会宣称这样安排的目的是为了在下次供货时提供质次一些的原材料。如果供货合同规定十分清楚，就会阻止供货商违反合同，但这样也就容易被税务当局关注，其税务筹划就会失败。税务当局关注关联方合同总是多于正常合同。

（五）税务筹划的意义

企业正确地进行税务筹划，不论在微观上还是在宏观上，都有其积极意义。

1. 税务筹划有助于提高纳税人的纳税意识

税务筹划与纳税人纳税意识的增强具有客观一致性和同步性的关系。企业进行税务筹划的初衷的确是为了不缴、少缴或晚缴税，但企业的这种行为是通过合法的或不违法的形式进行的，企业对经营管理活动进行税务筹划是利用国家税收调控政策取得成效的具体鉴证。

企业纳税意识强的基本要求是：①财务会计账证齐全、行为规范、信息真实完整；②按规定办理营业登记与税务登记手续；③及时、足额地申报缴纳税款；④自觉配合税务机关的纳税检查；⑤接受税务机关的处罚，如上缴滞纳金及罚款等。

从我国情况来看，进行税务筹划的企业多是外资企业或大、中型内资企业。这些企业的会计核算和管理水平较高，纳税管理比较规范，相当一部分还是纳税先进户或模范户。也就是说，税务筹划搞得好的企业往往是会计基础较好、纳税意识较强的企业。税务筹划与纳税意识的这种一致性关系体现在：

其一，税务筹划是企业纳税意识提高到一定阶段的表现，是与包括税制改革在内的经济体制改革发展水平相适应的。只有税制改革与税收征管改革取得了一定的成效（逐步完善、立法层次提高等），税法的权威才能得以体现；否则，该收的税收不上来，而对非法逃避缴纳税款行为的处罚也仅局限于补缴税款，无疑会助长企业逃税的倾向。企业不必进行税务筹划即能取得较大的税收利益，那么企业依法纳税意识自然不会很强。

其二，企业纳税意识强与企业进行的税务筹划具有共同点，即企业税务筹划所安排的经济行为必须合乎税法条文和立法意图或者不违反税法，而依法纳税更是企业纳税意识强的应有之义。

其三，设立完整、规范的财务会计账表和正确进行会计处理是企业进行税务筹划的基础和前提，会计账表健全、会计行为规范，其税务筹划的弹性应该会更大，它也为以后提高税务筹划效率提供依据；同时，依法建账也是企业依法纳税的基本要求。

2. 税务筹划有助于实现纳税人财务利益的最大化

税务筹划可以降低纳税人的税收成本，还可以防止纳税人跌入税法陷阱。

税法陷阱是税法漏洞的对称。它是税法中可能导致纳税人多缴税的某些条款。纳税人一旦大意或无意落入规定条款的范围或界限中，就要缴纳更多的税款。税收陷阱的存在使纳税人不得不加以注重，否则就会落入税务当局设置的看似漏洞或优惠、实为陷阱的"圈套"，导致多缴税款。税务筹划可防止纳税人跌入税法陷阱，不缴不该缴的税款，有利于纳税人财务利益最大化。

3.税务筹划有助于提高企业的财务与会计管理水平

资金、成本、利润是企业财务管理和会计管理的三大要素。税务筹划就是为了实现资金、成本、利润的最优组合，从而提高企业的经济效益。企业进行税务筹划离不开会计。会计人员要熟知会计准则，更要熟知现行税法，要按照税法要求设账、记账、编报财务会计报告、计税和填报纳税申报表及其附表。这也有利于提高企业的财务管理水平和会计管理水平。

4.税务筹划有利于提高企业的竞争力

税务筹划有利于贯彻国家的宏观调控政策。企业进行税务筹划，减轻了企业的税负，企业有了持续发展的活力，竞争力提高了，收入和利润增加了，税源丰盈，那么国家的收入自然也会随之增加。因此，从长远和整体看，税务筹划不会减少国家的税收总量，甚至可能增加国家的税收总量。

5.税务筹划有助于优化产业结构和资源的合理配置

纳税人根据税法中税基与税率的差别，根据税收的各项优惠政策，进行投资、融资决策，企业制度改造，产权结构调整，产品结构调整等，尽管在主观上是为了减轻税负，但在客观上却是在国家税收的经济杠杆作用下，逐步走向了优化产业结构和生产力合理布局的道路，体现了国家的产业政策，有利于促进资本的有效流动和资源的合理配置，也有利于经济的持续增长和发展。

6.税务筹划有利于提高税收征管水平、不断健全和完善税收法律制度

可以肯定，纳税人的税务筹划是不违反税法的，但不一定都符合政府的政策导向。它涉及的是法律范畴——作为征管方，也只能在法律范围内加强征管——而不是感情问题，不能情绪化。它可以促使税务当局及早发现现行税收法规制度中存在的缺陷与漏洞，然后依法定程序进行更正、补充或修改，从而提高税务当局的征管水平，促进税法不断健全和完善。

7.税务筹划有利于促进社会中介服务的发展

成功的税务筹划需要综合的专业知识，复杂的筹划方案更需要专业人才的系统设计，其实施具有诸多的不确定性。因此，大多数企业会有些力不从心。这就需要税务代理咨询机构提供税务筹划服务，从而也促进了注册会计师、注册税务师、律师、评估师、财务分析师等中介服务的发展。

三、税务筹划的目标

税务筹划的行为主体是纳税人，其本身可以是税务筹划的行为人，也可以是聘请的税务顾问。税务筹划可以在两个层面上进行：一是在企业目前既定的产权结构和经营条件(范围)下，在企业的日常经营活动中，对资产、收入、利润、费用等的税务会计确认、计量和记录方法的选择，以及对投资、融资方式的筹划等，实现减轻税负、提高盈利水平的目标；二是利用税法及相关法规制度等，通过企业组建、注册登记、兼并重组、合并分立、破产清算等方式，以达到减轻税负、增加企业营运资金和实现资本扩张的目的。

关于税务筹划的目标，目前有各种表述，如税后利润（财富、价值）最大化；税负最小（轻）化（其外在表现就是纳税最少、纳税最晚，即实现"经济纳税"）。诺贝尔经济学奖得主迈伦·斯科尔斯（Myron Samuel Scholes，美国）等编著的《税收与企业战略筹划方法》中提出了"有效税务筹划"的观点，认为"有效税务筹划在实施最大化税后利益的决策规则时要考虑税收的作用。在交易成本昂贵的社会里，税负最小化策略的实施可能会因非税因素而引发大量成本"。由于各个企业的产权结构、规模大小、组织形式、管理水平等存在差异，其税务筹划的具体目标也应该有所不同，因此，税务筹划的目标应层次化或具体化。

（一）恰当履行纳税义务

恰当（得当、正确）履行纳税义务是税务筹划的基础目标或最低目标，旨在规避纳税风险、规避任何法定纳税义务之外的纳税成本（损失）的发生，避免因涉税造成的名誉损失，做到诚信纳税。为此，纳税人应做到纳税遵从，即依法进行税务登记，依法建账并进行账证管理，依法申报纳税，在不超过税法规定的期限内缴纳该缴的税款。税收具有强制性。如果偏离了纳税遵从，企业将面临涉税风险。

税制具有复杂性、频变性。这就意味着纳税义务不能自动履行，纳税会给企业带来或者加重企业的经营损失风险、投资扭曲风险和纳税支付有效现金不足风险等。纳税人必须及时、正确、全面地掌握所涉税境的税法，将税务筹划置于理财学的框架内，尽可能地避免纳税风险带来的潜在机会成本，努力实现涉税零风险。

（二）纳税成本最低化

纳税成本最低化与恰当履行纳税义务，虽然都是防卫型的税务筹划目标，但也都是最基本的税务筹划目标。纳税人为履行纳税义务，必然会发生相应的纳税成本。在应纳税额不变的前提下，纳税成本的降低就意味着纳税人税收利益（税后收益）的增加。纳税成本包括直接纳税成本和间接纳税成本。前者是纳税人为履行纳税义务而付出的人力、物力和财力，即在计税、缴税、退税及办理有关税务凭证、手续时发生的各项成本费用；后者是纳税人在履行纳税义务过程中所承受的精神负担、心理压力等。直接纳税成本容易确认和计量，间接纳税成本则需要估算或测算。税制越公平，纳税人的心理越平衡；税收负担若在纳税人的承受能力之内，其心理压力就小；税收征管越透明、越公正，纳税人对税收的恐惧感便越小。纳税成本的降低，除与纳税人的纳税成本意识、涉税业务素质等主观因素有关外，还与税制是否合理、征管人员水平、征管手段、征管方式等有直接关系。因此，纳税成本的降低，除了要提高纳税人的自身业务素质、加强企业管理外，不断健全、完善税制及提高税收征管人员的执业水平、业务素质也是降低纳税成本的重要因素。应该看到，纳税人纳税成本的降低不仅会增加企业利润，从而增加企业的应税所得额，对国家来说，也会增加其税收收入，并降低税务机关的征管成本。这是一种双赢的结果。

（三）获取资金时间价值最大化

如果纳税人能够合理有效地运作其资金，在不考虑或无通货膨胀的前提下，则随着时间的推移，货币的增值额会呈几何级数增长。通过税务筹划实现推迟（延缓）纳税，相当于从政府取得一笔无息贷款，其金额越大、时间越长，对企业的发展越有利。在信用经济高速发展的时代，企业一般都是负债经营，而负债经营既有成本又有风险，要求企业负债规模要适度，负债结构应合理；而通过税务筹划实现的推迟（延缓）纳税额，则没有任何风险，应是多多益善，对企业实现低成本、高效益经营，改善企业的财务状况是十分有利的。

（四）税收负担最低化与税后利润最大化

公司的目标是在税务会计的限度内实现税负最小化及税后利润的最大化。不论从理论角度，还是从实务角度，税务筹划都是企业财务管理的重要组成内容。减轻税负只有在纳税人整体收益增长的前提下才有实际意义，即减轻税负是为了实现税后利润最大化。因此，当实施某项税务筹划使税收负担最低化与其税后利润最大化呈正相关时，税收负担最低化就是税务筹划的最高目标。当实施某项税务筹划使税收负担最低化与税后利润最大化呈负相关时，税务筹划的目标应该以企业的财务目标为其最终目标，即税务筹划要服从、服务于企业的财务目标。从这个角度来说，税收负担最低化是手段而不是目的。

在企业经营中采取措施以实现税负最低、利润(价值)最大，是一项复杂的系统工程，需要事先对企业的涉税事项进行总体运筹和安排。在法律（不仅是一国）规定、国际惯例、道德规范和经营管理需要之间寻求平衡，争取涉税零风险下的企业税后利润（价值）最大化。税务筹划不能只考虑个别税种缴纳的多与少，不能单纯以眼前税负的高低作为判断标准，而应以企业整体和长远利益作为判断标准，因此，企业可能会选择税负较高而税后利润最大的方案。在考虑货币的时间价值时，如果是超额累进税率，还要考虑边际税率因素，因为边际税率的改变可能会抵消货币时间价值的作用。税负最低化目标更多的是从经济观点而非税收角度来谋划和安排，税务筹划的焦点是现金流量、资源的充分利用和纳税人所得的最大化。

税务筹划的各项目标不是截然分开的，不同企业可以有不同的具体目标，同一企业在同一时期也可能有几种具体目标，其不同时期的具体目标也可能有所不同、有所侧重。

四、税务筹划的原则和特点

（一）税务筹划的原则

1.守法原则

守法包括合法与不违法两层含义。税务筹划一定不能违反税法，换言之，违反税法的行为根本不属于税务筹划范畴。因此，以避税为名、行逃税之实的"筹划"根本不是税务筹划（当然也不是避税）。企业进行税务筹划，应该以国家现行税法及相关法规等为法律依据，要在熟知税法规定的前提下，利用税制构成要素中的税负弹性等进行税务筹划，从中选择最优的纳税方案。

2.自我保护原则

自我保护原则实质上是守法原则的延伸。因为只有遵循守法原则，才能实现自我保护。纳税人为了实现自我保护，一般应做到：①增强法制观念，树立税法遵从意识。②熟知税法等相关法规。例如，我国大部分税种的税率、征收率不是单一税率，有的税种还有不同的扣除率、出口退税率，纳税人在兼营不同税种、不同税率的货物、劳务时，在出口货物时，在同时经营应税与免税货物时，要按不同税率（退税率）分别设账、分别核算（它与财务会计的设账原则不同）；当有混合销售行为时，要掌握混合销售的计税要求。另外，由于增值税实行专用发票抵扣制，依法取得并认真审核、妥善保管专用发票也是至关重要的。③熟知会计准则、制度。例如，《企业会计准则》明确了与税法分离的原则，如何正确进行涉税事项的会计处理就是非常重要的问题。④熟悉税务筹划的技术和方法。对纳税人来说，税务筹划要首先保证不能违反税法，然后才是如何避免高税率、高税负，进而实现税后利润最大化。

3.成本效益原则

成本效益原则是人类社会的首要理性原则。税务筹划要有利于实现企业的财务目标；进行税务筹划应遵循成本效益原则；税务筹划要保证其因之取得的效益大于其筹划成本，即体现经济有效。"效益"又有目前利益与长远利益之分。在考虑目前利益时，不仅要考虑各种筹划方案在经营过程中的显性收入和显性成本，还要考虑税务筹划成本（税务筹划成本可分为显性成本和隐性成本。显性成本是在税务筹划中实际发生的相关费用，隐性成本是纳税人因采用税务筹划方案而放弃的潜在利益，对企业来说，它是一种机会成本）。因此，目前利益是用利润衡量，还是用净现金流量衡量，从长远利益的角度看，两者是一致的，但若考虑资金的时间价值，用净现金流量来衡量可能更为确切。资产的内在价值是企业未来现金流量的现值，因此，企业的内在价值也是企业未来现金流量的现值。在考虑成本效益原则时，应注意"税负最低"与"企业价值最大"的关系。当两者相悖时，前者应该服从后者。

4.时效性原则

税务筹划是在一定法律环境下，在既定经营范围、经营方式下进行的，有着明显的针对性、特定性。随着时间的推移，社会经济环境、税收法律环境等各方面情况不断发生变化，企业必须注重时效性原则，把握时机，灵活应对，以适应税收的政策导向，不断调整或制订税务筹划方案，以确保企业持久地获得税务筹划带来的收益。时效性原则也体现在充分利用资金的时间价值上。

5.整体性原则

整体性原则是指在进行某一税种的税务筹划时，还要考虑与之有关的其他税种的税负效应，进行整体筹划、综合衡量，以求整体税负最轻、长期税负最轻，防止顾此失彼、前轻后重。

综合衡量从小的方面说，眼睛不能只盯在个别税种的税负高低上。要考虑一种税少缴了，另一种税是否会因之多缴，因而要着眼于整体税负的轻重。从另一个角度看，税金支付的减少不一定就是资本总体收益的增加。某些设在我国经济特区的外资企业用转让定价的方法将利润逆向转移到境外高税区，为的是逃避国家外汇管制，追求集团整体利益甚至只是外方投资人的收益而非企业税负最轻。

6.风险收益均衡原则

根据财务学中的资本资产定价模型，资产的期望收益率会随着其风险系数的增加而提高，随风险系数的降低而降低。也就是说，收益与风险价值具有配比性，风险越大，收益越高；风险越小，收益越低。企业要想获得高收益，就要准备面对、迎战高风险；但是，高风险也不一定必然会带来高收益，当然，低风险一般也不会带来高收益。税务筹划有收益，但也会有风险。企业应当遵循风险与收益均衡的原则，采取措施，分散、化解风险，选优弃劣，趋利避害。

（二）税务筹划的特点

1.事前性

税务筹划一般都是在应税行为发生之前进行谋划、设计、安排的。它可以在事先测算企业税务筹划的效果，因而具有一定的事前性。在经济活动中，纳税义务通常具有滞后性。企业交易行为发生后，才会发生纳税义务，才可能缴纳有关流转税；收益实现或分配后，才可能缴纳所得税；财产取得或应税行为发生之后，才可能缴纳财产、行为税。这在客观上提供了在纳税前事先做出筹划的可能性。另外，经营、投资和融资活动是多方面的，税法规定也是有针对性的。纳税人和纳税对象的情况不同，税收待遇也往往不同，这为纳税人选择较低税负提供了机会。如果经营活动已经发生、应纳税款已经确定，再去"谋求"少缴税款，则不属税务筹划行为，而是税务违法行为。

2.目的性

税务筹划具有很强的目的性，就是要取得纳税人的税收利益。它有两层意思：一层意思是选择低税负。低税负意味着低的税收成本，低的税收成本则意味着高的资本回报率。另一层意思是滞延纳税时间（非指不按税法规定期限缴纳税款的欠税行为）。税款缴纳期的递延，除了可以获得资金时间价值外，还可能减轻税收负担（如避免高边际税率）。不管是哪一种，其结果都是税款支付的节约。

3.政策导向性

政策导向性是指政府为了某种经济或社会目的，针对投资人、经营者、消费者希望减轻税负、获得最大利益的心态，有意识地制定一些税收优惠、税收鼓励、税法差异政策，引导投资人、经营者、消费者采取符合政府政策导向的行为，其结果是实现"双赢"。

4.普遍性

纳税人的普遍性决定了税务筹划的普遍性。在税法面前，所有纳税人都可以、都有权进行税务筹划。

5.多变性

各国的税收政策，尤其是各税种的实施细则等，随着政治、经济形势的变化会经常发生变化，因此，税务筹划也就具有多变性。纳税人应随时关注涉税国家的税收法规变动，及时进行税务筹划的应变调整。

第二节 企业税务筹划的手段技术和程序步骤

一、税务筹划的基本手段和技术

根据税务筹划包括的内容，税务筹划技术可以分为节税筹划技术、避税筹划技术和税负转嫁技术。

（一）节税的手段和技术

I. 节税的含义

节税乃是纳税人在符合税法意旨的前提下，意图减少税收负担的行为。换言之，当法律形式可能存在数个与经济实质相当的选择时，纳税人必然会选择其中税收负担最轻者，以达到减轻税收负担时，纵使此税收构成要件被规避，仍应认为节税行为，必须承认其税法上的效果。

节税是在税法规定的范围内，当存在多种税收政策、计税方法可供选择时，纳税人以税负最低为目标，对企业经营、投资、筹资等经济活动进行的涉税选择行为。

2. 节税的特点

（1）合法性

节税是在符合税法规定的前提下，在税法允许甚至鼓励的范围内进行的纳税优化选择。

（2）符合政府政策导向

税收是有力的宏观调控手段（杠杆）。各国政府都会根据纳税人谋求利润最大化的心态，有意识地通过税收优惠、鼓励政策，引导投资、消费。纳税人在实现节税目的的同时，政府也实现了其政策导向的目的。

（3）普遍性

各国的税收制度都强调中性原则，但它在不同纳税人、缴纳对象(范围)、缴纳期限、地点、环节等方面，总是存在差别的，这就使纳税人节税具有普遍性。

（4）多样性

各国的税法不同，会计准则、会计制度、汇率政策等也不尽相同，同一国家的不同时期，其税法、会计准则、会计制度等也有变化，而且在不同地区、不同行业之间税法也存在差异。这种差异越大，变动越多、越频繁，纳税人节税的余地也越大、形式也越多。

3. 节税的形式

第一，利用税收优惠政策而进行的节税，是最基本的节税形式。

第二，在现行税法规定的范围内，选择不同的会计政策、会计方法以求节税。

第三，在现行税法规定的范围内，在企业筹建、经营、投资与筹资过程中进行旨在节税的选择。

4. 节税筹划技术

节税筹划技术主要是根据税制构成要素进行的筹划，主要有：

(1) 免税技术

免税方式有法定免税、特定免税和临时免税三种，其中后两种免税方式带有不公平性和随意性。免税筹划技术就是利用税法规定的免税条件，尽量争取免税额最大、免税期最长。比如，国家对新办企业、IT 企业、集成电路产业以及符合条件的节能、节水和环保项目所得等，规定一定时间的免（减）税期。

(2) 减税技术

减税就是国家对纳税人应缴税款的减征。它是国家对某些纳税人或纳税人的某些纳税对象进行的鼓励、照顾或扶持。减税筹划技术就是尽量争取获得减税待遇和使其减税额最大、减税期最长。比如 A、B、C 三个国家，公司所得税的普通税率基本相同，其他条件基本相似或利弊基本相抵。某企业生产的商品 90% 以上出口到世界各国，A 国对该企业所得按普通税率征税；B 国为鼓励外向型企业发展，对此类企业减征 30% 的所得税，减税期为 5 年；C 国对此类企业减征 40% 的所得税，而且没有减税期限的规定。打算长期经营此项业务的企业完全可以考虑把公司或其子公司办到 C 国去，从而在合法的情况下使节减的税款最大化。

(3) 税率差异技术

税率差异技术就是在不违反税法的前提下，尽量利用税率的差异，使因之减少的应纳税款最大化。在开放的经济环境下，一个企业完全可以利用税率的差异使节减的税款最大化。比如 A 国的公司所得税税率为 20%，B 国为 25%，C 国为 30%，那么在其他条件基本相似或利弊基本相抵的条件下，投资者到 A 国开办公司就可使减税最大化。

(4) 分割技术

分割技术就是使应税所得、应税财产在两个或更多个纳税人之间进行分割而使节减的税款最大化。所得税和财产税的适用税率如果是累进税率，则计税基础越大，适用的边际税率也越高。应税所得、应税财产在两个或更多个纳税人之间进行分割，可以使计税基础缩小，从而降低最高边际适用税率，节减税款。比如一国应税所得 20 万元以下的适用税率是 8%，20 万元到 45 万元部分的适用税率是 15%，该国允许夫妇分别或合并申报，那么一对某年各有应税所得 15 万元的夫妇就可以采用分别申报纳税的方式来减少税款。

(5) 扣除技术

扣除技术就是使税前扣除额、宽免额和冲抵额等尽量最大化。在同样收入额的情况下，各项税前扣除额、宽免额和亏损等冲抵额越大，计税基础就越小，应纳税额也越少，所节减的税款就越多。比如，创业投资企业从事国家需要重点扶持和鼓励的创业投资，可以按投资额的一定比例抵扣应纳税所得额。创业投资企业采取股权投资方式投资于未上市的中小高新技术企业 2 年（含）以上的，可以按照其对中小高新技术企业投资额的 70% 在股权持有满 2 年的当年抵扣该创业投资企业的应纳税所得额；当年不足抵扣的，可以在以后纳税年度结转抵扣。企业为开发新技术、新产品、新工艺发生的研究开发费用，可以按其实际发生额加计扣除 50%。

（6）抵免税技术

抵免税技术就是使税收抵免额尽量最大化、重复纳税额最小化。各个国家往往规定了多种税收抵免，如国外所得已纳税款抵免，购买节能、节水、环保等专用设备等。税收抵免额越大，应纳税额越小，所节减的税额就越大。对一个必须不断进行研究开发才能求得生存和发展的企业来说，在其他条件基本相似或利弊基本相抵的条件下，就可以选择抵免额最大的方案。

（7）延（缓）期纳税技术

延（缓）期纳税技术就是尽量采用延（缓）期缴纳税款的节税技术，即递延纳税。它是纳税人根据税法的有关规定将应纳税款推迟一定期限缴纳。递延纳税虽不能减少应纳税额，但纳税期的推迟可以使纳税人无偿使用这笔款项而不须支付利息，对纳税人来说等于降低了税收负担。纳税期的递延有利于资金的周转，不但节省了利息支出，还可使纳税人享受通货膨胀带来的好处，因为延期后缴纳的税款由于通货膨胀币值下降，更加降低了其实负税额。纳税人在某一年内取得特别高的所得，有可能被允许将这些所得平均分散到数年之后去计税和纳税，或是对取得高所得年度应纳税款采用分期缴纳的方式，以避免纳税人的税负过重。若允许纳税人对其营业财产采用初期折旧或自由折旧法可以减少高折旧年度的应税所得，从而实现延期纳税，鼓励投资。如国家规定公司国外投资所得只要留在国外不汇回，就可以暂不纳税，那么把国外投资所得留在国外，就会有更多的资金可供利用，将来可取得更多的收益。税收递延的途径很多，纳税人可充分利用税法给予的优惠，积极创造条件，在遵守法律规范的前提下进行税务筹划，享受应得的税收实惠。

（8）退税技术

退税技术就是尽量争取获得退税待遇并使退税额最大化的节税技术。许多国家的税法都规定了投资退税、出口退税、即征即退、先征后退等退税政策，在纳税人已缴纳税款的情况下，退税无疑降低了纳税人的税负。比如 A 国规定企业用税后所得进行再投资可以退还已纳公司所得税税额的 40%，公司在其他条件基本相似或利弊基本相抵的条件下，用税后所得而不是借入资金进行再投资，无疑可以节减税款。

（二）避税的手段和技术

I. 避税的含义

避税是纳税人在熟知相关税境的税收法规的基础上，在不直接触犯税法（非违法）的前提下，利用税法等有关法律的差异、疏漏、模糊之处，通过对经营活动、融资活动、投资活动等涉税事项的精心安排，达到规避或减轻税负的行为。简言之，避税是利用税法的疏漏，规避税法，以求免除或减轻纳税人负担的行为。

研究避税最初产生的缘起，不难发现，避税是当初纳税人为抵制政府过重的税政、维护自身的利益而进行各种逃税、抗税等受到政府的严厉制裁后，寻求更为有效的规避办法的结果。纳税人常常会发现：有些逃避纳税义务的纳税人受到了政府的严厉制裁，损失惨重，而有些纳税人则坦然、轻松地面对政府的各项税收稽查，顺利过关，不受任何损失或惩罚。究其原因，不外乎这些充满智慧的纳税人（还包括注册会计师、注册税务师、法律顾问等）常常能够卓有成效地利用税法本身的纰漏和缺陷，顺利而又轻松地实现了规避纳税或少纳税而又不触犯法律的目的。这就使越来越多的纳税人对避税趋之若鹜，政府也不得不将其注意力集中到不断完善、健全税制上。这种对税法的避与堵，大大加快了税收法制建设，使税制不断健全、不断完善，有助于社会经济的进步和现代文明的发展。

2. 避税的法律依据

从法律的角度分析，避税行为可以分为顺法意识避税和逆法意识避税两种类型。顺法意识避税活动及其产生的结果，与税法的法意识相一致，它不影响或削弱税法的法律地位，也不影响或削弱税收的职能。但在现实中，只有顺法意识的节税，而不可能有真正的顺法意识避税，因为各种避税方法都是为了规避税法，而不是"顺应"税法。逆法意识避税是与税法的法意识相悖的，它是利用税法的不足进行反制约、反控制的行为，但并不影响或削弱税法的法律地位。企业既然有订立最有利的契约以达到追求其商业利益的权利，则同样也有选择某种法律行为方式以达成最低税负的权利。

避税实质上就是纳税人在履行应尽法律义务的前提下，运用税法赋予的权利保护既得利益的手段。避税并没有、也不会、也不能不履行法律规定的义务，避税不是纳税人对法定义务的抵制和对抗，也不会导致滥用税法。避税是纳税人应该享有的权利，即纳税人有权依据法律的"非不允许"进行选择和决策。政府针对纳税人避税活动暴露出的税法的不完备、不合理，采取修正、调整等举措（如在税法中加入反避税条款的内容，尽管税法中都未明写），也是国家拥有的基本权力，这正是国家对付避税的唯一正确的办法。如果用非法律的形式去矫正法律上的缺陷，只会带来诸多不良后果。因此，国家不能借助行政命令、政策、纪律、道德甚至舆论，来反对、削弱、责怪、谴责纳税人避税。退一步说，即使不承认避税是合法的、受法律保护的经济行为，但它肯定应是不违法、不能受法律制裁的经济行为。

3. 避税的分类

（1）按避税涉及的税境分类
①国内避税
国内避税是纳税人利用国内税法所提供的条件和存在的可能性等进行的避税。一般情况下，从事国内避税比国际避税要容易些。
②国际避税
国际避税比国内避税更普遍、更复杂。纳税人的避税活动一旦具备了某种涉外因素，从而与两个或两个以上国家的税收管辖权产生联系，就构成了国际避税，即国际避税是在不同税境（国境）下的避税。国际避税产生的原因很多，从纳税人的角度来看，当然是为

了追求企业（公司）利润。从客观条件看，国际避税主要是因为各国税制存在的差异（税收管辖权、税率、获利机会等），税收的国际协调不够，国家之间的政治、经济以及税收方面的合作、协定不同。有的国家为了吸引外资推动本国经济发展，在税收上制定了一些特定的优惠政策，同时各国税收征管的力度不等，这些都为国际避税提供了机会。发达国家往往认为国际避税产生的原因是发展中国家为吸引外资、技术、管理经验等而制定的税收优惠政策。这种看法有失偏颇，因为企业的获利除了税收因素外，还有资金及资源供给、管理基础、技术、公共基础设施等因素。实际上，发达国家企业的获利能力和机会是发展中国家的 40% ～ 83%（据联合国与世界银行的资料）。

（2）按避税针对的税收法规制度分类

①利用选择性条款避税

它是纳税人从税法中某一项目、某一条款并列规定的内容中选择有利于自己的内容和方法，如纳税期限、折旧方法、存货计价方法等。

②利用伸缩性条款避税

它是针对税法在执行中有弹性条款，纳税人按有利于自己的理解去执行。

③利用不明确条款避税

它是针对税法中过于抽象、过于简化的条款，纳税人根据自己的理解，从有利于自身利益的角度去进行筹划。

④利用矛盾性条款避税

它是针对税法相互矛盾、相互冲突的内容，纳税人进行有利于自己的决策。

上述几种避税行为，有的可以使纳税人实现永久性避税（只要税法不变、不改），给企业带来长远利益；有的则仅使纳税人利用了时间差，暂时递延了纳税义务（反映在财务会计上是先发生递延税款贷项），使纳税人获得资金营运上的好处（尽管是暂时的），因为这等于企业从政府获得了一笔无息贷款。而且，暂时性的避税利益也可能转化为永久性利益，如国家在该期间修改了税法，并对已实现的暂时性避税利益不再追溯。因此，企业要根据各种条件，随时注意变化的各种情况，运用可能运用的一切避税形式寻求企业利益。

（3）按政府对避税的态度分类

这种分类是政府根据纳税人的税务筹划行为是否违背立法意图进行的分类。它可以分为：

①可接受的避税

可接受的避税是指不违背法律意图的避税，也就是广义概念下的避税。如当国家对烟酒课以重税时，人们通过戒烟、戒酒而规避纳税；再如，当国家对某些以金属为原材料的产品课以重税时，企业通过技术革新，改用非金属材料生产同样性能的产品而规避纳税。

②不可接受的避税

不可接受的避税是指违背法律意图的避税，即狭义概念下的避税。企业所进行的避税一般均指这种类型的避税，而各国政府所采取的反避税措施一般也都是针对这类避税。对政府而言，这类避税是"不可接受（或不愿接受）的避税"，但在法律的界定上，它又是不违法的行为。从这种意义上说，纳税人的避税行为是不以政府的意志为转移的行为。

在避税种类上，还有一种税负转移避税，即税负转嫁。

4. 避税筹划技术

避税筹划技术是纳税人在现行税法的框架下，为降低税负而采用的某些手段和技巧，主要是从缩小税基、降低税率两方面筹划，常见的技术有：

（1）价格转让法

价格转让法亦称转让价格法、转让定价法。它是指两个或两个以上有经济利益联系的经济实体为共同获取更多利润和更多地满足经济利益的需要，以内部价格进行的销售（转让）活动，这是避税实践中最基本的方法。

企业（经济实体）之间的经济往来有两种情况：一是在没有经济利益联系的企业之间发生的；二是在有经济利益联系的企业之间发生的。前者企业在购销活动中不易在价格方面做文章（一般由市场供求关系决定其价格），而后者企业之间经常发生大量交易往来，为保证集团(公司)的整体利润最大化，其价格会有扭曲现象，可能高于或低于正常成本，甚至根本不考虑成本，这种价格一般称为"非正常交易价格""非竞争价格"或"非独立企业价格"，而局外人很难获得这种定价的全部、真实资料。

由于转让价格的具体运用不同，其作用也是特定的：

①避税或者拖延缴纳所得税

价格转让可以使转出方与接受方的实际税负趋缓，乃至消失。它主要适用于规定起征点的超额累进所得税税率的情况。

②减少从价计征的关税

利用有经济联系的企业发生进出口业务，通过拆装、分包、增减批量等方式使纳税额减少。

③集团公司（尤其是跨国集团公司）通过转让价格实现税负最小

利用高税区与低税区的税收差别，提高高税区产品的成本，减少其利润，而在低税区采取相反的策略，以使公司整体税负最轻。

④在一定条件下可以逃避外汇管制

不少国家的外汇管制较严，价格转让如果在不同外汇管制办法的国度进行，会使外汇管制失效或减效。因为价格转让可以起到货币转让的效果，如果 A 国外汇管制很严，B 国外汇管制松，甚至不管制，那么在 A 国的企业向在 B 国的企业转让产品或劳务时就可以起到逃避 A 国外汇管制的作用。

⑤有助于减轻、消除风险

转让价格不仅使有利益关系的企业之间受益，而且也因风险随利益的均摊而降低，从而增强其竞争实力。

由此可见，在不同情况下采用转让定价法，可以实现特定目的，发挥特定作用。不论是集团公司还是非集团公司，只要它们之间有经济利益关系，并且是非单一利润中心，也就是说，它们之间有互补性、合法性，既保持独立，又进行联合，就能以转让定价方式进行避税。

各国为防范避税，对关联企业及其交易都有所界定。从各国的税收实践看，对关联企业及其交易的界定主要有三种方法：第一种，股权测定法。据企业之间相互控股的比例判断，达到规定比例者便构成关联企业。各国确定的具体比例不尽相同，一般为25% ～ 50%。第二种，实际控制管理判定法。按"实质重于形式"的原则，根据企业之间相互控制管理的实际情况进行判定，不单纯按股权比例确定。第三种，避税港特殊处理法。有的国家对境内企业与设在避税港（国家税务当局确认）的企业进行交易按关联企业对待。

（2）成本（费用）调整法

成本（费用）调整法是通过对成本（费用）的合理调整或分配（摊销），抵消收益、减少利润，以达到规避纳税义务的避税方法。应该指出，合理的成本(费用)调整和分摊，应是根据现行税收法规制度、会计准则、会计制度等，在可允许的范围内所做的一些"技术处理"，而不是违反有关法规制度，乱摊成本，乱记费用。企业会计人员、企业领导人员业务素质的高低决定其财务管理水平的高低，而财务管理水平高低的一个重要标志就是如何最大限度地维护企业的利益，这是作为真正的独立实体的必然要求。

成本（费用）调整法适用于各类企业、各种经济实体，在具体运用时，有发出或销售存货成本计算方法、库存存货成本计算方法、折旧计算方法、费用分配（摊）方法、计提减值准备方法以及技术改造运用方法等。

企业发出存货成本计算与结转方法有先进先出法、一次加权平均法、移动加权平均法、个别辨识法、分批实际进价法、毛利率法等。如果存货采用计划成本计价或售价法，还可以有不同的成本差异率、进销差价率计算方法；企业库存存货，有成本与市价孰低法等。企业不论先确定发出存货成本，还是先确定库存存货成本，都有多种方法可供选择。

折旧计算方法有平均折旧模式与递减折旧模式两种类型，每类模式又有不同的折旧方法。企业从避税的角度选择折旧方法时，目的是为了最大限度地推迟或减缓应纳税款。因此，要考虑折旧时间、预计残值和折旧方法的特点、所得税法及其预计未来税法变动等因素，综合考虑，不能顾此失彼。

成本（费用）分配（摊）法是指一次（笔）费用如何分配（摊）才能使企业利益最大。费用分配(摊)方法很多，有直接记入法、分期平均分摊法、净值摊销法、五成摊销法等，企业应根据各项费用的特点，恰当选择分配（摊）方法。

技术改造运用法是指企业在固定资产（设备）投入使用后，在对其进行技术改造时，要综合考虑设备本身的技术状况、年收入情况、所得税税率等因素，选择税负最轻、税后利润多的年度进行技术改造（在不影响产品质量、市场占有率的前提下）。

（3）融资（筹资）法

融资法即利用融资技术使企业达到最大获利水平和使税负最轻的方法。融资是关系企业生存和发展的一项重要理财活动。企业的融资渠道有很多，但从避税的角度分析，企业内部集资（内部发行债券、吸收入股等）、企业之间资金拆借方式最好，向银行或其他金融机构贷款次之，而靠企业自我积累效果最差（自我积累资金的形成需时较长，归投资人所有的资金在企业内部使用也不会产生利息税前扣除)。

（4）租赁法

租赁可以获得双重好处，对承租方来说，它可以避免因长期拥有机器设备而增加负担和承担风险，同时，又可以在经营活动中以支付租金的方式冲减企业利润，减少应纳税额；对出租方来说，不必为如何使用这些设备及提高利用效果而费心，获得的租金收入通常比经营利润享受较优惠的税收待遇，也是一种减轻税负的行为。

（5）回避税收管辖权

主权独立国家都有其税收管辖权，即对本国居民、非本国居民，仅就其发生或来源于该国境内的收入征税，或者行使收入来源地管辖权与居民收入管辖权，即除了对非本国居民仅就其来源或发生于该国境内的收入征税外，对本国居民来源于境内、境外的收入均要征税。前者的法律依据是涉税事项的发生地，后者则是纳税人的"身份"。因此，跨国经营企业可以通过对生产经营活动和居留时限的安排，回避税收管辖。这种避税原理亦称"税境流动（移动）法"，具体包括纳税人（企业）的流动、纳税对象（资财）的流动以及两者兼有的流动或不流动。

（6）选择有利的公司组织形式

企业组织形式不同，其账务处理和税负也不尽相同。跨国公司对外投资时，应考虑何种组织形式最为有利。由于子公司是一个独立的纳税主体，其亏损不能记在母公司的账上，而分公司与居住国总公司是同一个法人主体，公司可以汇总纳税，分公司的经营亏损可以冲抵总公司的盈利。公司投资办企业，在开办初期往往会有较大亏损，因此，可以先设立分公司，使其开业的亏损能在汇总纳税时冲抵总公司利润，以降低企业的税负。当生产经过起步阶段进入正常盈利阶段后，则建立子公司更为有利。这样，可以避免汇总纳税时母公司所在国因税率较高且累计计征而导致其实际税负加重。

（7）利用国际税收协定

鉴于国际税收协定一般都规定缔约国只能对常设机构的经常所得征税，在某些协定条款中，其原则的确定及其运用存在差异，税收协定会有一些税收庇护等。因此，跨国公司通过设置直接的传输公司、踏脚石式的传输公司、外国低股权的控股公司，设立地点是根据税收协定提供的税收优惠的某一缔约国，而这样的缔约国往往不是避税地。

（8）低税区避税法

低税区避税法是最常见的避税方法。低税区包括税率较低、税收优惠政策较多、税负较轻的国家和地区。我国的经济特区、保税区等就属于国内低税区。此外，世界上有些国家和地区，如巴哈马、瑙鲁、开曼群岛、英属维尔京群岛、乌拉圭、哥斯达黎加等都属于国际避税港或低税区，即所谓"避税天堂"。

5. 避税的发展趋势

避税现象的产生，既与纳税人竭力增大自己利益的"经济人"本性有关，也与现行税法的不完善（或缺陷）有关。避税作为市场经济的特有现象，随着各国法制建设的不断完善，将逐渐演变成一种高智商的经济技巧和经营艺术。

①国内避税与国际避税相互交织、相互促进，使避税实践、避税理论将有长足发展。当今避税活动已不是社会少数人的偶然经济行为，它已成为有理论依据、有操作方法的社会经济活动。

②因各种历史和现实的原因而产生的避税港、低税区，日渐被纳税人认识和利用，从而使避税具有国际普遍性特征。从这个意义上讲，国际避税，既可追求企业利益，又可维护国家利益。

③由于避税活动越来越普遍，又因各国政府的反避税措施越来越有力，避税不再只是由纳税人自己来运作，而是要借助社会中介力量，例如会计师事务所、税务师事务所、律师事务所都将成为企业避税的主要依靠力量，越来越多的会计人员、税务专家、法律工作者加入这一队伍，成为避税专家，把为企业进行避税筹划当作一种职业。

④最初的避税都是通过财务会计手段，但随着避税条件的不断变化，利用税法、税收政策、税收征管等进行避税已日益被广泛利用；因此，以财务会计手段的避税已变为财务会计手段与非财务会计手段并用，避税日渐成为企业的一种经营行为。

各国税收法规制度在不断完善、不断实现税收的国际协调，作为税务筹划主要手段的避税也在不断深化，也在既着眼于国内又着眼于国际。

（三）避税与节税、逃税的关系

1.避税与节税的关系

避税与节税均属税务筹划范畴，虽然两者联系密切，但在理论上还是有别的：

（1）在执行税收法规制度方面

节税是用法律并不企图包括的方法来使纳税义务降低，而避税则是对法律企图包括但由于这种或那种理由而未能包括进去的范围加以利用。避税一般不符合政府的政策导向，表现为逆法意识，属于非违法行为，即在法律上无法加以适用的"脱法行为"，其本质是利用税法的漏洞和缺陷；而节税符合政府的政策导向，表现为顺法意识。避税不违反税法或不直接触犯税法，而节税符合税法规定。

避税是否合法，学术界和法学界一般认为，避税不会导致滥用税法（法律）。德国的法庭在审判过程中承认这一结论：不能将所有减少纳税义务的行为都视为逃税。只要法律上没有禁止，纳税人就可按自己的意愿从事经营，特别是从缴税最少的角度来有效地组织经营；但从民法的角度看，如果纳税人为了达到既定的经济目的，而采取不正当的手段，以及在进行了合理的法律解释和考虑法律的一般目的之后，减税行为仍不为法律所承认，这就会出现严重的滥用法律问题。在德国的一个著名判例中，其结束语是这样写的："纳税义务人基于规避税收负担之目的而选择一项法定的经济形态，可以被认为是符合真实之法律规定要素。此点是与以欺骗方式滥用税法条文有别的。"这说明法律承认，即使是纳税人以避税为目的而选择一项法定的经济形态（关联企业的内部定价除外），法律也认为是正当的。也就是说，从法学角度看，不违反税法就应视为合法。但从另一方面看，各国为了保证会计信息的公允、有效，在会计准则中都对关联方关系及其交易事项的披露做了会计规范；在税法上，对关联企业的内部转让定价，要进行税收上的调整；这就说明，从法律（至少是税法）上要对其纠正或限制。从这个角度看，避税可分为可接受避税与不可接受避税两种类型。前者如选择不同行业、不同地点进行投资、避免成为常设机构等方法进行避税，后者如企业与关联企业之间的购销业务，不按独立企业之间的业务往来计价而进行的避税。不过，政府的反避税措施，其实主要是针对后者的。

（2）在政府的政策导向方面

节税是完全符合政府的政策导向的，国家不但允许，而且鼓励（体现在税收的优惠政策上）。不论是欧洲大陆法系，还是英美海洋法系，都有"法律无明文规定者不为罪（法无明文规定不罚）"的原则。避税就是遵循这项原则，去寻求纳税人利益，而这当然不符合政府的政策导向。眼看着纳税人避税成功而不能处罚（因为法律一般没有可追溯性），政府只能在今后税法修订中弥补。世界上没有哪一个国家在法律上规定避税合法，但也没有哪一个国家在法律上规定避税非法。

在税务筹划实务中，两者很难严格划分。只要能够减轻税收负担，实现税收利益，且又不违反税法，纳税人肯定乐意为之。正是由于两者密不可分，因此本书在以后的叙述中，不再刻意区分节税与避税。

2. 避税与逃税的关系

尽管纳税人的避税与逃税在主观上都是一种有意识的行为，但避税行为是在税收负担构成要件是否发生尚不确定的情况下所策划的法律形式与经济实质不相当的脱法行为，而逃税行为是在税收负担构成要件已发生后的使用虚假、隐瞒等手段的不法行为。两者的主要区别表现为以下几方面。

第一，在经济行为方面。避税是对某项应税经济行为的实现形式和过程进行某种人为的安排，使之变成非应税行为，而逃税则是对一项已发生的应税经济行为全部或部分的否定。

第二，在税收负担方面。避税是有意减轻或解除税收负担，只是采取不违法的手段对经济活动的方式进行安排，而逃税则是在纳税人的实际纳税义务已发生的情况下，采取不正当的手段逃避其纳税义务。

第三，在承担法律后果方面。避税是通过某种"合法"（至少表面上）的形式规避其纳税义务，与法律规定的要求相吻合，因而当修改税法条件不成熟时一般受到政府的默许；而逃税行为则是公然践踏税法、与税法公开对抗的行为，因而一旦被税务当局查明属实，纳税人就要为此承担相应的法律责任。

第四，在对税法的影响方面。避税的成功，需要纳税人对税法的深刻理解和恰当掌握，十分清楚合法与非法的临界点，在总体上确保自己经营活动和有关行为的不违法性，而逃税是纳税人藐视税法的行为，他们根本不去钻研税法，绞尽脑汁去搜寻逃税成功的

"捷径"，具有明显的欺诈性。

avoid与逃税其实只有一步之遥，避税往往充斥着"暗箱操作"，且可能涉嫌违法。典型的避税方法是通过层层交易形成复合所有权关系和蜘蛛网似的复杂所有权结构。这些交易仅仅是为了谋取税收利益，对纳税人的经济状况不会带来任何有意义的变化，这种交易被称为"滥用避税交易"。

（四）税负转嫁

I. 税负转嫁的含义

税负转嫁是纳税人通过价格的调整与变动，将应纳税款转嫁给他人负担的过程。广义的避税包括税负转嫁，这种避税不是对缴税的回避，也不是对税法不完善及其缺陷的利用，而是在纳税人直接缴纳税款后，再将税负转移给他人，最终由他人负担。狭义的避税不包括税负转嫁，视税负转嫁为独立的税务筹划领域。税负转嫁一般只适用于流转税，即适用于纳税人与负税人有可能分离的税种。只有在该领域内，通过精心筹划，实现纳税人与负税人的分离，才能达到减轻纳税人税负的目的。税负转移能否如愿，关键是看其价格定得是否适当，但价格高低归根结底是看其产品在市场上的竞争能力、供求弹性。

与其他减税方式相比，税负转嫁有其特点：①不影响国家的税收收入总量，只是在不同纳税环节、不同纳税人之间调节；②一般不存在法律上的问题，不承担法律责任，是纯经济手段；③方法单一，主要通过价格调整，适于从价计税的范围；④直接受商品、劳务供求弹性的影响，有一定的风险性，可促使企业不断提高经营管理水平，增强其产品在市场上的竞争力。

税负转嫁与避税的主要区别是：①适用范围不同。税负转嫁适用范围较窄，受制于商品、劳务的价格，供求弹性，而避税则不受这些限制。②适用前提不同。税负转嫁的前提是价格自由浮动，而避税不受此限。③税负转嫁可能会与企业财务目标相悖。若其产品不是供不应求或非垄断时，当企业为转移税负而提高商品、劳务供应价格时，同时可能也会导致其市场占有率下降、利润减少。避税筹划一般不会出现这种悖谬。

企业能够在多大程度上把握税负转嫁是一种艺术。相对在垄断形势下不由分说地转嫁，在自由竞争中，如何使对方接受你转嫁过来的税负就是一门绵里藏针的学问；再则，如何消化没有成功转嫁出去的税负也是一个必须运筹的现实。税负转嫁是有条件、有限度的，不能一厢情愿，企业更应该在提高产品的竞争力上下功夫。

2. 税负转嫁的技术

税负转嫁技术是纳税人通过一定的方式和途径，将自己的税收负担转嫁给他人的方法和技巧。税负转嫁是税务筹划的一种特殊形式，它只能在一定的条件和范围内(供求弹性)采用，因此，税务筹划一般只涉及节税和避税。税负转嫁的形式有前转(顺转)、后转(逆转)、混转(散转)、消转(税收的转化)和税收资本化(资本还原，税负后转的特殊形式)。

（五）税务违法责任

1. 税务违法行为

税务违法是指侵害税务法律关系的行为。按我国现行法律法规的规定，税务违法行为主要有：

（1）未按规定登记、申报及进行账证管理的行为

纳税人有未按规定进行税务登记，会计账证管理，向税务机关报告全部银行账号，安装、使用税控装置等行为，具体包括：①未按规定期限申报办理税务登记、变更或者注销登记；②未按规定设置、保管会计凭证、账簿和有关资料；③未按规定将财务、会计制度或其处理方法和会计核算软件报送主管税务机关备查；④未按规定将其全部银行账号向税务机关报告；⑤未按规定安装、使用税控装置，或者损毁或擅自改动税控装置。

（2）违反发票管理的行为

违反发票管理的行为包括：①未按规定印制或者生产发票防伪专用品；②未按规定领购发票；③未按规定开具发票；④未按规定取得发票；⑤未按规定保管发票；⑥未按规定接受税务机关检查；⑦利用发票从事其他犯罪。

（3）逃税行为

纳税人伪造、变造、隐匿、擅自销毁账簿、记账凭证，或在账簿上多列支出或者不列、少列收入，或经税务机关通知申报而拒不申报或者进行虚假的纳税申报，不缴或者少缴税款的行为是逃税行为，其具体的特征是行为主体的纳税人实施了偷税行为，其手段为：①伪造、变造、隐匿和擅自销毁账簿、记账凭证；②在账簿上多列支出或者不列、少列收入；③经税务机关通知申报而拒不申报或进行虚假的纳税申报。

（4）欠税行为

纳税人欠缴应纳税款，采取转移或者隐匿财产手段，致使税务机关无法追缴其所欠税款的行为是欠税行为，其一般表现为：纳税人有能力缴纳欠缴的税款但谎称无力给付，并采取转移、隐匿财产的手段加以逃避。

（5）骗税行为

纳税人以假报出口或者其他欺骗手段，骗取国家出口退税款的行为。

（6）抗税行为

纳税人以暴力、威胁方法拒不缴纳税款的行为。

（7）阻碍税务人员执行公务行为

纳税人、扣缴义务人逃避、拒绝或者以其他方式阻挠税务机关检查的行为。

（8）编造虚假计税依据行为

纳税人、扣缴义务人编造虚假计税依据的行为。

（9）未按规定履行扣缴义务行为

扣缴义务人应扣未扣、应收而不收税款的行为。

2. 税务违法责任

税务违法责任是指税务法律关系中的违法主体由于其行为违法，按照法律规定必须承担的消极法律后果。根据税务违法的情节轻重，税务违法处罚分为行政处罚和刑事处罚两种类型。

(1) 行政处罚

行政处罚是指国家行政机关对违反法律法规的相对一方当事人所给予的一种惩戒或制裁。行政处罚的方式主要有：①责令限期改正。这是税务机关对违反法律、行政法规所规定义务的当事人的谴责和告诫，适用于情节轻微或尚未构成实际危害后果的违法行为的一种处罚形式。②罚款。对违反税收法律法规，不履行法定义务的当事人的一种经济上的处罚。这是税务处罚中应用最广的一种形式，罚款额在 2000 元以下的，由税务所决定。③没收。它是对行政管理相对一方当事人的财产权予以剥夺的处罚。

行政处罚的标准分为以下几种：

①对未按规定办理税务登记（还包括验证、换证）、纳税申报及进行账证管理行为的处罚除责令限期改正外，可处以 2000 元以下的罚款；情节严重的，处 2000 元以上 1 万元以下的罚款。纳税人未按规定使用税务登记证件，或者转借、涂改、损毁、买卖、伪造税务登记证件的，处 2000 元以上 1 万元以下的罚款；情节严重的，处 1 万元以上 5 万元以下的罚款。

②对违反发票管理行为的处罚，由税务机关销毁非法印制的发票、没收违法所得和作案工具，并处 1 万元以上 5 万元以下的罚款。

③对逃税行为的处罚，由税务机关追缴其不缴或少缴的税款、滞纳金，并处不缴或少缴税款部分 50% 以上 5 倍以下的罚款。此项处罚规定也适用于扣缴义务人不缴或少缴已扣、已收的税款。

④对欠税行为的处罚，由税务机关追缴欠缴的税款、滞纳金，并处欠缴税款 50% 以上 5 倍以下的罚款。税务机关可采取停止供票、发布公告、强制执行、行使税款优先权、阻止出境、移送司法机关等措施。

⑤对骗税行为的处罚，由税务机关追缴其骗取的退税款，并处骗取税款 1 倍以上 5 倍以下的罚款。并在规定期间内，税务机关停止为其办理出口退税。

⑥对抗税行为的处罚，情节轻微，未构成犯罪的，由税务机关追缴其拒缴的税款、滞纳金，并处拒缴税款 1 倍以上 5 倍以下的罚款。

⑦对阻碍税务人员执行公务行为的处罚，由税务机关责令改正，处 1 万元以下的罚款；情节严重的，处 1 万元以上 5 万元以下的罚款。

⑧对编造虚假计税依据行为的处罚，由税务机关责令限期改正，并处 5 万元以下的罚款。纳税人不进行纳税申报，不缴或少缴应纳税款的，由税务机关追缴其不缴或少缴的税款、滞纳金，并处不缴或少缴税款部分 50% 以上 5 倍以下的罚款。

⑨对未按规定履行扣缴义务的处罚，由税务机关向纳税人追缴税款，对扣缴义务人处应扣未扣、应收未收税款 50% 以上 3 倍以下的罚款。

⑩银行和其他金融机构未按规定在从事生产、经营的纳税人账户中登录税务登记证件号码或未按规定在税务登记证件中登录纳税人的账户号码的，除责令限期改正外，处2000元以上2万元以下的罚款；情节严重的，处2万元以上5万元以下的罚款。

（2）刑事处罚

新修订的《中华人民共和国刑法》（以下简称《刑法》）对纳税人、扣缴义务人违反《中华人民共和国税收征管法》（以下简称《税收征管法》），情节严重、构成犯罪的涉税犯罪规定了危害税收征管罪。危害税收征管罪分为两类：一类是直接针对税款的，包括偷税罪、抗税罪、逃避追缴欠税罪、骗取出口退税罪；另一类是妨害发票管理的，包括虚开增值税专用发票用于骗取出口退税、抵扣税款发票罪，伪造、出售伪造增值税专用发票罪，非法购买增值税专用发票、购买伪造的增值税专用发票，非法制造、出售非法制造的用于骗取出口退税、抵扣税款发票罪，非法制造、出售非法制造的发票罪，非法出售用于骗取出口退税、抵扣税款发票罪，非法出售发票罪。

危害税收征管罪均属故意犯罪，犯罪主体可能是自然人，也可能是法人。刑事处罚分为主刑和附加刑两类，并规定税务机关追缴优先的原则，即在判决未执行前，应先由税务机关追缴偷逃的税款和骗取的出口退税款。对直接针对税款的涉税犯罪，其规定如下：

①逃税罪的处罚

依据《刑法》规定，纳税人采取欺骗、隐瞒手段进行虚假纳税申报或者不申报，逃避缴纳税款数额较大并且占应纳税额10%以上的，处3年以下有期徒刑或者拘役，并处罚金；数额巨大并且占应纳税额30%以上的，处3年以上7年以下有期徒刑，并处罚金。

扣缴义务人采取前款所列手段，不缴或者少缴已扣、已收税款，数额较大的，依照前款的规定处罚。

对多次实施前两款行为，未经处理的，按照累计数额计算。有第一款行为，经税务机关依法下达追缴通知后，补缴应纳税款，缴纳滞纳金，已受行政处罚的，不予追究刑事责任；但是，5年内因逃避缴纳税款受过刑事处罚或者被税务机关给予2次以上行政处罚的除外。

②抗税罪的处罚

依据《刑法》规定，犯抗税罪的，处3年以下有期徒刑或者拘役，并处拒缴税款1倍以上5倍以下罚金；情节严重的，处3年以上七年以下有期徒刑，并处拒缴税款1倍以上5倍以下罚金。情节严重一般是指抗税数额较大、多次抗税、抗税造成税务人员伤亡的，以及造成较为恶劣的影响等。抗税罪的犯罪主体只能是具备刑事责任能力的自然人。

③逃避追缴欠税罪的处罚

依据《刑法》规定，犯逃避追缴欠税罪，致使税务机关无法追缴欠缴的税款，数额在1万元以上10万元以下的，处3年以下有期徒刑或者拘役，并处或者单处欠缴税款1倍以上5倍以下罚金；数额在10万元以上的，处3年以上7年以下有期徒刑，并处欠缴税款一倍以上5倍以下罚金。单位犯逃避追缴欠税罪的，对单位判处罚金，并对其直接负责的主管人员和其他直接责任人员依照自然人犯逃避追缴欠税罪处罚。

④骗取出口退税罪的处罚

依据《刑法》规定，犯骗取出口退税罪的，处5年以下有期徒刑或者拘役，并处骗取税款1倍以上5倍以下罚金；骗取国家出口退税数额巨大或者有其他严重情节的，处5年以上10年以下有期徒刑，并处骗取税款1倍以上5倍以下罚金；数额特别巨大或者有其他特别严重情节的，处10年以上有期徒刑或者无期徒刑，并处骗取税款1倍以上5倍以下罚金或者没收财产。单位犯骗取出口退税罪的，对单位判处罚金，并对其直接负责的主管人员和其他直接责任人员依照自然人犯骗取出口退税罪处罚。

二、税务筹划的程序和步骤

税务筹划有简有繁，有大有小，不一定每一项税务筹划都有完整的程序和步骤。一般情况下，税务筹划可遵循如下程序和步骤：

第一步，熟知税法，归纳相关规定。

要进行税务筹划，必须熟知税法及相关法律，全面掌握税法的各项规定，尤其是各项税收优惠政策，往往散见于各项文件之中，有的是人大常委会、国务院颁发的，有的是财政部、国家税务总局联合发文，有的是国家税务总局发文，还有的可能是省（市、区）发文，这些都要收集齐全，进行归类。

第二步，确立筹划目标，建立备选方案。

根据税务筹划内容，确立税务筹划的目标，建立多个备选方案，每一方案都包含一些特定的法律安排。

第三步，建立数学模型，进行模拟决策（测算）。

根据有关税法规定和纳税人预计经营情况(中、长期预算等)，尽可能建立数学模型，进行演算，模拟决策，定量分析，修改备选方案。

第四步，根据税后净回报，排列选择方案。

分析每一备选方案，所有备选方案的比较都要在成本最低化和利润最大化的分析框架里进行，并以此标准确立能够产生最大税后净回报的方案。另外，还要考虑企业风险、税收风险、政治风险等因素。

第五步，选择最佳方案。

最佳方案是在特定环境下选择的，这些环境能保持多长时间的稳定期，事先也应有所考虑，尤其是在国际税务筹划时，更应考虑这个问题。

第六步，付诸实践，信息反馈。

付诸实践后，再运用信息反馈制度，验证实际税务筹划结果是否如当初测算、估算。根据变化，适时调整，为今后税务筹划提供参考依据。

第三节　企业税务筹划的经济制度分析

税务筹划都是在特定的政治、经济、法律、社会、文化、历史等环境下进行的，国内税务筹划受国内诸环境的影响，国际税务筹划受国际诸环境的影响；但最直接、最具体的影响还是经济制度环境，其中税收制度、会计制度和汇率制度又是税务筹划的主要经济制度环境。

一、税务筹划的税收制度分析

正因为政府征税才有纳税人的税务筹划，换言之，如果政府不征税或者企业不缴税，当然也就无须税务筹划。因此，税收制度（税收法律制度的简称）与税务筹划是一种"孪生"关系。

税收制度对税务筹划的影响可从两方面分析：

（一）税收制度的法定性分析

现代税收应该是法定税收，即税收法定主义，亦称税收法律主义原则或税收法定性原则。它是指税款的征收和缴纳必须基于法律的规定。没有法律依据，政府不能征税，任何人也不得被要求缴税。法律仅限国家立法机关制定的法律，不包括行政法规、制度。因此，要求税收立法、税收执法和税收司法等各环节都必须依法进行，行政机关不能有自由裁决权。纳税人缴什么税、缴多少税，不能由政府决定，而必须通过国家立法机构立法。税收法定主义和罪行法定主义，两者构成法治国家保障人民权利的两大手段。前者旨在保障人民的财产权利，后者旨在保障人民的人身权利。

税制的法定性越强，税务筹划的预期性越明确，税务筹划的技术、方法越具稳定性、规范性。我国现行的税收制度远未达到税收法定主义，大部分税种仍然是"暂行条例"，而且是已经执行几十年的"暂行条例"，政府主管部门随时还会颁布一些有关税收的"通知""办法""公告"解释性文件等。这种情况增加了税务筹划的不确定性和风险性，使企业难以进行长期的税务筹划，但因此也增加了诸多差异，拓展了税务筹划的空间。

税收制度既要具有法定性，又必须具有规则导向性。因为要保证税法的有效贯彻实施，必须授权国务院制定实施条例，国务院主管部门也会随时颁布一些具体"通知""公告"等，即制定众多而具体的规则。纳税人只要符合规则，打"擦边球"，寻找其"漏洞"，也不属于违法行为。因为税务筹划属于法律范畴而非道德范畴。

（二）税收立法权与税收执法权的分析

不少国家的税收立法权与税收执法权分中央和地方两级。我国的全国性税种（包括全部中央税、共享税和在全国范围内缴纳的地方税）的立法权归于全国人大及其常委会，它可以授权国务院制定税法实施条例和调整税目、税率的权力。省级人大及其常委会在不违背国家统一税法、不影响中央财政收入、不妨碍全国统一市场的前提下，可以对地区性的地方税收立法。按税种划分为中央税、共享税和地方税，前两类由国税局负责征收，后者由地税局征收。

我国税收立法权基本上集中在中央，税收执法权分"国""地"两块。在这种制度安排下，不仅因国、地税机构的分设使政府的税收征管成本大为提高，也使纳税人的纳税成本大大提高（如税务登记的办证费等需要双份支出）。企业税务筹划既要正确处理分税种与分地区的关系，充分考虑其差异性，又要考虑国税局与地税局分征、分管给企业带来的税负影响。

二、税务筹划的会计制度分析

（一）税收制度与会计制度的关系

会计制度是制约会计行为人及利益相关者的法律、法规、准则（包括单位内部会计制度）的总和。会计制度有广义与狭义之分。广义的会计制度是包括《中华人民共和国会计法》（简称《会计法》）在内的所有会计法规制度，狭义的会计制度仅指会计的规章制度（不包括《会计法》和国务院颁布的会计行政法规）。本文的"会计制度"仅指狭义的会计制度，而且主要指财政部颁布的会计规章制度。

由于各国的会计制度背景不同，按其与税收制度的关系划分，可以分为以税法为导向的会计制度和以投资人为导向的会计制度两大类。法国、意大利等大陆法系国家属于前者，英国、美国等海洋法系国家属于后者。不论哪种类型，企业会计制度与国家的税收制度都有非常密切的关系。可以说，现代税收的计算和缴纳都离不开会计的确认、计量和记录。即使在以投资人为导向的会计制度下，虽然其规范的财务会计报告主要是为投资人、债权人服务的，但其对各项会计要素的确认、计量和记录的程序和方法，也同时是按税收制度确认、计量和记录收入、收益、成本、费用和应税所得的基础和前提，甚至在各国的税收制度中直接认可财务会计的某些计算程序和计算方法。从另一方面看，就是在以税法为导向的会计制度下，其会计确认、计量和记录也不一定与税收制度完全一致，也存在某些差异（尽管较少）；而且从发展趋势看，以税法为导向的会计制度存在较为明显的弊端，近年欧洲各国的会计制度改革并接受国际会计准则（国际财务报告准则），就是有力的说明。

我国在20世纪90年代以前是以税法为导向的会计制度，20世纪90年代开始趋向于投资人导向。我国现行的《企业会计准则》《小企业会计制度准则》，以《会计法》为法律依据，以服务于企业财务会计报告的主要使用者为目标，保持了自身作为规范体系的完整性和统一性，即将会计确认、计量、记录和报告统一于会计制度内。因此，与我国现行税法的有关规定存在不少差异。既然会计制度与税收制度两者存在差异，而且在税收制度中又承认或认可某些会计政策选择，企业当然会利用会计技术进行税务筹划。

（二）税务筹划与会计制度的关系

税务筹划包括国内税务筹划和国际税务筹划，它所涉及的会计制度（会计规范）也就不限于一国一地。

1. 国内税务筹划与本国的会计制度

利用本国会计制度与其税收制度的联系与差异，通过会计政策选择进行国内税务筹划，大部分企业的税务筹划都是这种类型的税务筹划。相对国际税务筹划，其筹划技术比较简单。

2. 国际税务筹划与涉税国的会计制度

跨国经营企业进行的国际税务筹划，应全面了解并掌握涉税国家或地区的税收法规制度，在其法规框架下进行会计政策选择，以实现税务筹划目的，其筹划技术比较复杂。

3. 税务筹划与国际会计准则

根据国际会计准则理事会（IASB）的工作规划，国际会计准则（IAS）将逐渐被国际财务报告准则（IFRS）所取代。目前，世界上只有少数国家全盘照搬 IFRS（IAS），其余各国都有自己的会计准则，但各国的会计准则又都是以 IFRS（IAS）为主要参照标准的。因此，除全盘接受 IFRS（IAS）的国家和地区外，其税务筹划不会直接以 IFRS（IAS）为依据，但了解并掌握 IFRS（IAS），尤其是其发展趋势，对税务筹划也是非常有益的。

三、税务筹划的汇率及汇率制度分析

汇率制度亦称汇率安排，它是一国货币当局对本国汇率变动的基本方式所做的一系列安排或规定。传统上，按照汇率变动的幅度，汇率制度划分为固定汇率和浮动汇率。

在全球化的背景之下，跨国贸易和跨国资本流动增长迅速，汇率风险也日益突出。汇率风险会对涉外企业的应纳税所得额产生影响。这些企业虽然不能对汇率制度进行选择，但是可以在某一既定汇率制度下选择不同的方式来进行税务筹划。

以外币为计价货币的跨国贸易为例（如果本币为计价货币，就不存在外汇风险了，但这也正是目前中国企业不能选择的方式）。假如一国将其对主要贸易国的汇率固定在或维持在某一个比价上，那么其国内企业在与这些国家进行贸易时，企业汇兑损益项下的余额可能会比较小。但是，如果一国与其主要贸易国之间汇率的浮动范围较大，甚至不受限制，那么企业在从事钱货非即时两清的进出口交易时，应当考虑对损益的影响。比如，在对未来汇率走势加以研究判断的基础上，在签订合同时选择一种对自己有利的货币作为计价货币（买方应选择软币，卖方则选择硬币），即使不能选择对自己有利的货币作为交易货币，也要注意采取其他办法（如外汇的远期交易、期货、期权等等）来规避风险。

在企业外币购销交易的会计处理中，由于各国的汇率制度不同，企业选择的汇率不同以及选择的会计处理方法（分单一交易观和两项交易观）不同，每期计算的汇兑损益额不同；另外，对未实现汇兑损益是用当期确认法，还是用递延法，其结果也不一样。进行税务筹划时，应该充分考虑所涉国家的汇率制度、汇率波动趋势，进行正确的会计政策选择，以期获得更多的税收利益。

第四节　税务筹划与财务管理、财务报告

一、税务筹划与财务管理

（一）税务筹划目标与财务管理目标

从学科上看，税务筹划是联结税务会计与财务管理的一门边缘性学科；从其目标和作用看，税务筹划应该归属财务学科范畴。在实务中，税务筹划作为企业的一种理财活动，是企业财务管理的重要组成部分，它贯穿于企业财务管理的全过程。税务筹划应服从、服务于企业的财务管理目标。如果企业财务管理目标是企业价值最大化，则税务筹划应该是使纳税人可支配的财务利益最大化，即税后财务利益最大化。

第一，税务筹划绝对收益的存在，直接减少企业现金流出，提高企业的获利能力和投资回报率。税务筹划绝对收益是纳税人通过实施税务筹划而得到的应纳税额绝对减少的好处，这仅是税务筹划收益的外在表现形式。纳税人除了获得税务筹划的绝对收益（少缴税款）外，还可以获得税务筹划的相对收益，能使企业拥有更多的可资利用的现金，有利于把握更多的投资机会，更容易获得较高的投资回报率，使企业的生产经营处于良性循环，有利于实现企业财务管理的目标。

第二，当存在多种纳税方案时，既要考虑企业税负轻重，更要考虑其对企业整体收益的影响。在实际工作中，纳税人往往面临着多种纳税方案的选择，而不同方案的税负不同。企业在进行税务筹划时，既要分析不同纳税方案的税收负担，又要分析其对企业整体收益的影响，而以整体收益最大为最优方案，如负债具有减税利益，但当负债的成本水平超过其息税前的投资收益率时，负债融资就会产生负效应，这时权益资本收益率会随负债

比例的提高而下降，反而阻碍了企业实现其财务管理的目标。

第三，税务筹划对企业偿债能力的影响。企业主要有两类债务的清偿：一类是一般性商业债务的清偿，包括债务本息的偿还和股利的分配，它们有时可以不必实际动用现金进行清偿，如债权债务相互抵销，以非货币性资产清偿，进行债务重组等。另一类是纳税债务的清偿。应付税金对企业现金流量是一种"刚性"约束，法定税款必须以现金形式及时、足额缴纳，具有单向性和强制性的特点，一般不存在债务减免和延期的可能性（法定的税收优惠除外），是企业最大的现金流出项目。因此，一旦企业现金匮乏而又无法融通，就会增加企业不必要的纳税成本和涉税风险。税务筹划无论是直接降低实际税负，还是延缓纳税时间，都会形成对应付税额现金流出量的有效控制，使企业当期可支配总资金增加，提高企业的偿债能力，有利于企业的长期发展和实现企业的财务目标。

（二）税务筹划与财务管理的职能

企业财务管理职能一般分为财务决策、财务预算和财务控制，税务筹划同样体现于财务管理的三项职能中。

1. 税务筹划是企业的财务决策

根据财务决策系统的构成要素，税务筹划主要有：①决策主体。税务筹划作为企业一项财务决策同样有决策主体，即企业高层管理者。企业高层管理者对税务筹划应有正确的认识、明确的目标和具体的要求。②决策客体。企业经营、筹资、投资以及收益分配过程都会涉及税收问题，税务筹划就是要正确选择最佳组织形式、经营模式、筹资结构及投资方向等。③相关信息。企业进行税务筹划，必须及时、准确、全面地获得相关信息，如税收法规制度、会计制度、准则和国家宏观调控政策的颁布、调整、变动等。④决策结果。按照前述税务筹划的一般程序，税务筹划应该从税务筹划的各种备选方案中选择一个最佳纳税方案，即正确进行财务决策。

2. 税务筹划是企业的财务规划和财务预算

税务筹划具有事前规划的特点，是企业财务规划的组成部分。企业在进行税务筹划时，应测算各纳税方案的税负及预期经济效益，为决策提供可靠的依据。在财务预算中应该充分考虑税金因素及其对企业现金流量的影响。在编制预算时，应尽可能明确税前、税后的各项财务指标。

3. 税务筹划离不开企业的财务控制

财务控制分为事前、事中和事后控制。企业在税务筹划时，从企业酝酿成立到注册登记、从生产经营活动开展之前到生产经营过程中，都应进行涉税的规划和分析。在既定筹划方案的执行过程中，应对税金的支出进行监督，对纳税成本进行控制；及时反馈税务筹划方案的执行情况，以便改进后续决策。税务筹划离不开财务控制，财务控制是落实税务筹划方案的有效保证。

二、税务筹划与财务报告的冲突

大多数企业，一般都希望向税务局报告低水平的应税收入，而希望向投资者报告较高水平的财务会计收入，这就会出现税收利益与财务报告成本之间的冲突。节税与负面的财务报告后果也不都是相悖的，如成立研发有限合伙公司时，发起公司会尽量避免举债或分摊研发费用，因为这样会带来较高的杠杆比率和较低的财务报告收益；就是说，有限合伙人不但有节税的税收动机，还希望获得较好的财务会计结果。也就是说，经营者会有双重动机，外部投资人应有正确的判断和对策。由于国家制定税法的原则与制定财务会计准则的原则不同，企业税务筹划的规则通常会有别于财务报告规则，这就会导致应税收入与财务报告收入之间存在差异。为此，企业在进行税务筹划时必须充分考虑，在一般情况下，鱼和熊掌不可兼得。

但也应看到，某些减少应税收入的交易或事项也可能会减少报告给投资人的收入。例如，当企业某项资产的账面价值高于其市场价值时，从税收利益考虑，出售该资产可以确认损失，但该行为也要确认为财务报告损失；又比如，因税收折旧与会计折旧不同，资产的税基可能与其账面价值存在差异，导致基于两种口径的损失数额也可能不同。企业可能会担心低价（亏损）出售该资产将增加资本成本，其金额可能大于节税额。对那些自身报酬与财务会计报告利润紧密相关的管理人员来说，出于自身利益考虑，他们可能会放弃节税计划。牺牲节税额会产生隐蔽行为问题，投资人当然会赞成在这种情况下出售资产，以便节税，但因投资人不了解这些信息而无法惩处未采取节税策略的管理人员。

税务筹划是 21 世纪的朝阳产业，但"对大多数企业来说，税务筹划仍然是皇冠上的明珠"。税务筹划具有必然性、复杂性和广泛性，税务筹划呈现出越来越专业化的特点。

要成功地进行税务筹划，必须认真学习并熟练掌握税务筹划的基本理论、基本方法和基本技术，严格区分税务筹划与逃税、欠税、抗税、骗税的法律界限，即正确界定合法、不违法与违法之间的界限。税务筹划应该在合法或不违法的前提下进行，既不能越雷池一步，也不能刻舟求剑，更不能为筹划而筹划，要服从、服务于企业的财务目标。

有人说，现在是野蛮者抗税，愚昧者逃税，糊涂者漏税，智慧者进行税务筹划。可以说，税务筹划是明智之举、文明之举、进步之举。

第五章 税收风险管理的基本理论

第一节 风险与风险管理

风险管理是社会经济发展的产物，是管理科学与科学技术融合的结果。税收风险管理是现代科学技术与现代税务管理相融合的产物，是税务机关将风险管理理念、方法、制度、流程等全面引入税收工作，目的在于通过风险管理，将有限的税收征管资源进行更有效的配置，最大限度地规避税收执法风险，最有效地防范税收流失，促进纳税遵从意识不断提升。

一、风险的概念

（一）风险的定义

对于风险的定义，不同的学者基于不同的研究视角有各自的理解，比较有代表性的观点有三种：第一种观点是把风险视为机会，认为风险越大可能获得的回报率就越大，相应可能遭受的损失也越大；第二种观点是把风险视为危机，认为风险是消极的事件，可能产生损失，这常常是大多数企业所理解的风险；第三种观点介于两者之间，也更学术化，认为风险是一种不确定性。

在欧盟委员会《税收管理机关税收风险管理指引》中，"风险"一词被定义为"一切会影响一个组织达成其目标的消极因素"。在国际标准化组织 ISO 31000《风险管理原则与实施指南》以及 ISO/IEC Giude73 中，"风险"被定义为"不确定性对目标的影响"。在我国风险管理系列国家标准中，对风险的定义也采用了和 ISO 31000 相一致的表述。

风险的定义虽然众多，但有两点是相同的：一是风险是针对预期目标的实现而言的；二是风险的本质是不确定性，这种不确定性会对预期目标的实现产生影响。

（二）风险的特征

风险的特征是风险内在规律的外在表现。从风险的众多定义中我们不难看出，风险主要具有以下特征。

1. 风险具有客观性和普遍性

由于不确定性的存在，客观事物发生、发展的结果与预期之间可能会出现不一致，这种不确定性带来的风险随客观事物的存在而普遍存在，随客观事物的变化而不断变化，是无处不在、无时不有的客观存在。通过研究可以探索风险的规律，寻求控制和管理风险的科学方法，但却不能完全消除风险。

2. 风险具有不确定性

不确定性是风险的本质特征。由于人们在当前时点对客观事物的未来发生、发展过程不可能完全预知，因此客观事物发展的最终结果与人们预期之间就有可能存在差异，而这种差异是否发生以及差异的大小具有不确定性。如果客观事物发生、发展的结果可以准确预测，那么就无风险可言。

3. 风险具有相关性

风险与特定的主体相关，是特定主体的风险，与特定主体的行为和预期紧密相连。特定主体不同的行为或预期所面临的风险种类、性质及程度是不同的，同一种风险对不同主体的影响也各不相同。

4. 风险具有损失性

风险的发生会给特定主体带来影响，通常我们关注的风险影响是指特定主体不愿看到的，对主体有损害，要采取有效决策予以规避的影响。没有损害性的风险不能称其为风险。

5. 风险具有预期性和可测性

风险是不确定性导致的客观事物发生、发展的实际结果与预期之间的差异，这一差异的存在是可以预期的。对于重复出现的风险，可以通过对历史资料的统计分析，对其发生的频率和造成损失程度的分布情况做出合理估计，从而对特定类型事件的风险进行识别、测量和评估。

6. 风险具有可变性和可控性

随着客观事物的不断发展和外界环境的变化，同一主体所面临的风险也会不断变化，同一风险的影响程度会随之变化，影响该主体的风险种类和性质也有可能发生变化。风险的可变性为控制风险带来了可能。在一定的客观条件下，通过科学有效的风险管理措施，可以使原有的风险状况发生有利于主体变化，或削弱，或消除，或转移，或用新的风险替代旧的风险。

（三）风险的构成要素

风险主要是由风险因素、风险事故和风险损失三要素构成的，这些要素的相互作用决定了风险的产生和发展。

1. 风险因素

风险因素是指促使某一特定风险事故发生或增加其发生可能性或扩大其损失程度的原因或者条件。它是风险事故发生的潜在原因，是造成损失的内在或者间接原因。例如，对于纳税人而言，风险因素是指纳税人自身的诚信度、申报纳税的能力等。

根据性质不同，风险因素可分为有形风险因素与无形风险因素两种类型。

（1）有形风险因素

有形风险因素也称实质风险因素，是指某一标的本身所具有的足以引起风险事故发生或者增加损失机会或加重损失程度的因素。

（2）无形风险因素

无形风险因素是与人的心理或行为相关的风险因素，通常包括道德风险因素和心理风险因素。其中道德风险因素是指与人的品德修养有关的无形因素，即由于人们不诚实、不正直或有不轨企图，故意促使风险事故发生，以致引起财产损失和人身伤亡因素。心理风险因素是与人的心理状态有关的无形因素，即由于人们疏忽或过失以及主观上的不注意、不关心、心存侥幸，以致增加风险事故发生的机会和加大损失的严重性的因素。

2. 风险事故

风险事故也称风险事件，是指造成人身伤害或财产损失的不确定事件，是造成损失的直接的或外在的原因，是损失的媒介物，即风险只有通过风险事故的发生才能导致损失。就某一事件来说，如果它是造成损失的直接原因，那么它就是风险事故；而在其他条件下，如果它是造成损失的间接原因，它便成为风险因素。

3. 风险损失

风险损失是指非故意、非预期、非计划的经济价值的减少。通常将风险损失分为两类，即直接损失和间接损失。直接损失是指风险事故导致的财产本身损失和人身伤害，这类损失又称为实质损失；间接损失则是指由直接损失引起的其他损失，包括额外费用损失、收入损失和责任损失。

风险是由风险因素、风险事故和风险损失三者构成的统一体。风险因素是引起或增加风险事故发生的机会或扩大损失幅度的条件，风险事故的发生就会带来风险损失。风险因素是产生损失的潜在原因，风险事故是导致损失的不确定事件和直接原因。因此，从源头上控制和消除风险因素可以降低风险事故发生的概率，从而减少或避免风险损失，对引起损失的潜在原因——风险因素进行科学的管理就显得十分重要。

二、风险管理的概念

为了避免风险事故发生的消极后果，减少风险事故造成的损失，人们引入管理科学的原理和方法来规避风险，于是风险管理便应运而生。因此，风险管理是一个管理学范畴。风险管理是指如何在项目或者企业一个肯定有风险的环境里把风险减至最低的管理过程。具体而言，风险管理是指通过对风险的认识、衡量和分析，选择最有效的方式，主动地、有目的地、有计划地处理风险，以最小成本争取获得最大安全保证的管理方法。

三、风险管理的发展

（一）风险管理的发展路径

风险管理理论主要是三条发展路径相融合的结果：第一条路径是保险的发展；第二条路径是银行业巴塞尔协议的发展；第三条路径是内部控制的发展。

风险管理发展的第一条路径起始于 20 世纪 50 年代，当时在保险领域历史上第一次提出了风险管理的概念。提出风险管理概念的是美国著名的风险管理学家威廉姆斯（C.Arihur Williams）和汉斯（Richard M.Heins），他们在《风险管理与保险》一书中指出：风险管理是通过对风险的识别、衡量和控制，以最低的成本使风险所致的各种损失降到最低限度的管理方法。由于风险管理的概念最初是从保险领域提出的，故而在企业中原有的保险经理就一直被称为风险经理。传统的企业风险经理的职责是给企业购买保险。给风险经理提供服务的主要是保险经纪人和保险公司的有关人员。

风险管理发展的第二条路径是围绕着巴塞尔协议的发展进行的。20 世纪 70 年代后期，通过总结银行业监管的经验和做法，最终形成了巴塞尔协议。早期巴塞尔协议由于明确其使用范围为银行业，对非金融类企业和其他社会组织的影响较小。但巴塞尔协议随后的版本中确立了银行业的监管乃至银行内部管理的核心是管理风险的理念。这个理念目前已经成为国际金融界的共识，而且其对非金融类企业和其他社会组织的影响正在逐渐显示出来。同时，巴塞尔协议的持续努力，包括在金融危机后所做的大量工作，为非金融领域的风险管理提供了一个很好的借鉴样板。

内部控制是风险管理发展的第三条路径，而且是一条主要路径。内部控制的发展最早是从审计的会计控制的概念发端，由于整合管理的需要，最终形成了以 20 世纪 90 年代的 COSO《内部控制——整合框架》报告为代表的内部控制框架。而澳大利亚和新西兰、加拿大等国则从 COSO 的内部控制框架中得到启发，发展出各自国家的风险管理标准。进一步，COSO 从对这一版内控框架的实践与反思中形成了《企业风险管理——整合框架》。

在 20 世纪 80 年代后期，我国开始对风险管理进行研究，一些企业特别是金融保险行业运用风险管理理论进行风险识别、风险评估、风险应对，取得了较好的效果。国务院国资委发布了《中央企业全面风险管理指引》，对中央企业如何开展全面风险管理工作提出了总体原则，并对企业风险管理的基本流程、组织体系、风险评估等方面进行了比较详细的引导。企业的成功实践推动了风险管理在更多领域的应用。如今，风险管理在国内金融行业以及大型企业得到广泛应用的同时，一些公共管理部门也开始引入风险管理的理念和方法来加强公共管理和服务的职能，如中国海关系统和税务系统已经开始建立行业性风险管理体系。

（二）风险管理理论典型应用——COSO 框架

现行的 COSO 框架是 COSO 委员会（Committee of Sponsoring Organization）21 世纪初颁布的《企业风险管理——整合框架》，2016 年 COSO 针对实行了十多年的框架提出了名为《企业风险管理——通过战略与绩效调整风险》的修订草案，总结了 COSO 近年来在风险管理领域的研究成果。

1. 风险管理的定义

COSO 框架对风险管理的定义为：风险管理是一个过程，受企业董事会、管理层和其他员工的影响，包括内部控制及其在战略和整个公司的应用，旨在为实现经营的效率和效果、财务报告的可靠性及法规的遵循提供合理的保证。

COSO 框架利用一个 $8 \times 4 \times 4$ 的三维模型来描述一个机构内的内部控制体系。该模型是一个在水平方向上分为八层，垂直方向和纵深方向均由 4 部分组成。分别描述了风险管理的 4 个目标、8 个要素和 4 个层级。4 个层级包括总部、分部、业务单位、附属机构等企业内部层级，各个层级均涉及 4 个目标和 8 个要素。相互之间不是完全独立的部分，彼此之间是相互联系的。

2. 风险管理的四个目标

每一个企业都面临着一系列来自外部和内部的风险，有效的事件的鉴别、风险确定，以及对风险的对策的预测都是目标确定的依据，和不同的水平不同的内部机构相联系。目标是在战略层面上确定的，为经营操作、报告、目标的服从提供依据。目标的确定是和企业风险特点相联系的，并且该目标推动企业活动承受风险的水平。目标设定是有效的事件的鉴别、风险确定，以及对风险的对策的预测。管理之前必须首先设定目标，该目标能够鉴别企业为完成任务的风险，然后采取必要的措施来管理风险。

（1）战略目标

管理当局确定它们的目标，形成战略并且确定组织的相关目标。当企业的任务和战略目标稳定下来后，它的战略和相关目标更加有动力，并且要根据内外部条件的改变进行调整。战略目标是高层目标，和企业任务相关，并且支持这些目标，反映了管理层的选择。风险管理技术可被应用于战略和目标的确定过程当中。

（2）经营目标

经营目标和企业经营活动的效果和效率相关，包括企业在朝最终目标迈进的过程中为加强经营效果和效率的子目标。经营目标必须反映企业所处的特定业务、行业及经济环境。管理层应确认这些目标反映了现实和市场的需求，并采取有意义的业绩评估方法。一个和其子目标相关联的明确的经营目标集，是企业成功的基础。

（3）报告目标

可靠的报告为管理当局提供精确和完整的信息，这些信息对达成其目的是恰当的。它支持管理当局做出决策并监控企业的活动和业绩。可靠的报告为管理当局编制可靠的报告提供合理的保证。

（4）遵从目标

企业必须管理其活动，并经常采取特定的措施，以遵从相关法律和法规。这些要求可能和市场、定价、税收、环境保护、雇员福利以及国际贸易有关。可应用的法律法规为企业行为设定了最低的行为标准，企业将这些行为标准整合于其遵从目标中。一个企业的遵从记录能非常显著地影响它的声誉。

3. 风险管理的八个要素

COSO 框架认为风险管理包括八个相互关联的组成要素，这八个要素渗透于企业管理的过程之中。

（1）控制环境

企业的控制环境是其他所有风险管理要素的基础，为其他要素提供规则和结构。控制环境影响企业战略和目标的制定、业务活动的组织和风险的识别、评估和执行等。它还影响企业控制活动的设计和执行、信息和沟通系统以及监控活动。控制环境包含很多内容，包括企业员工的道德观和胜任能力、人员的培训、管理者的经营模式、分配权限和职责的方式等。

董事会是控制环境的一个重要组成部分，对其他控制环境的组成内容有重要的影响。而企业的管理者也是控制环境的一部分，其职责是建立企业的风险管理理念、确定企业的风险偏好，营造企业的风险文化，并将企业的风险管理和相关的行动计划结合起来。

（2）目标制定

根据企业确定的任务或预期，管理者确定企业的战略目标，选择战略方案，确定相关的子目标并在企业内层层分解和落实，各子目标都应遵循企业的战略方案，并与战略方案相联系。

（3）事件识别

管理者意识到了不确定性的存在，即管理者不能确切地知道某一事项是否会发生、何时发生或者如果发生、其结果如何。作为事项识别的一部分，管理者应考虑会影响事项发生的各种企业内外部的因素。外部因素包括经济、商业、自然环境、政治、社会和技术因素等，内部因素反映出管理者所做的选择，包括企业的基础设施、人员、生产过程和技术等事项。

（4）风险评估

风险评估可以使企业了解潜在事项如何影响企业目标的实现。管理者应从两方面对风险进行评估，即风险发生的可能性和造成的影响程度。

（5）风险应对

管理者可以制订不同风险反应方案，并在风险容忍度和成本效益原则的前提下，考虑每个方案如何影响事项发生的可能性和事项对企业的影响，并设计和执行风险反应方案。考虑各风险反应方案并选择和执行一个风险反应方案是企业风险管理不可分割的一部分。有效的风险管理要求管理者选择一个可以使企业风险发生的可能性和影响都落在风险容忍度范围之内的风险反应方案。

（6）控制活动

控制活动是帮助保证风险反应方案得到正确执行的相关政策和程序。控制活动存在于企业的各部分、各个层面和各个部门。控制活动是企业努力实现其商业目标的过程的一部分。通常包括两个要素：确定应该做什么的政策和影响该政策的一系列过程。

（7）信息与沟通

来自企业内部和外部的相关信息必须以一定的格式和时间间隔进行确认、捕捉和传递，以保证企业的员工能够执行各自的职责。有效的沟通也是广义上的沟通，包括企业内自上而下、自下而上以及横向的沟通。有效的沟通还包括将相关的信息与企业外部相关方的有效沟通和交换，如客户、供应商、行政管理部门和股东等。

（8）监督检查

对企业风险管理的监控是指评估风险管理要素的内容和运行以及一段时期的执行质量的一个过程。企业可以通过两种方式对风险管理进行监控——持续监控和个别评估。持续监控和个别评估都是用来保证企业的风险管理在企业内各管理层面和各部门持续得到执行。

第二节　税收风险与税收风险管理

税收风险主要来自纳税主体，产生于一切税收活动过程中，系统理解税收风险的概念、特征及成因是开展税收风险管理的基础。通过实施税收风险管理有助于提高纳税人的税法遵从水平。

一、税收风险

（一）税收风险的定义

税收风险属于社会公共风险的范畴，有广义与狭义之分。广义的税收风险，是指国家在税收征管活动过程中，由于社会经济环境、税收制度、税收管理及纳税人不遵从等各种不确定因素的影响，导致税收流失的可能性与不确定性。狭义的税收风险，即税收遵从风险，是指在税收管理中，对实现税法遵从目标产生负面影响的可能性，其表现为税收流失的不确定性或税收应收预期与实际征收结果的偏离。通常所说的税收风险是指税收遵从风险，亦即狭义的税收风险概念。

（二）税收风险的特征

税收风险既具有风险的一般特征，如客观性和普遍性、不确定性、相关性、损失性、预期性和可测性，也具有政治性、综合性及传导性等特有的特征。

1. 税收风险的一般特征

由于政策制度、时间安排等诸多主客观因素的限制，政府履行公共职能难以与征收的税收完全对等，因此，税收风险是不可避免的，只要政府不能完全有效地履行公共服务职责，纳税人付出的成本与收益就无法平衡，税收风险也会随着税收的存在而存在。对于纳税人而言，税收是其成本的一部分，为了实现自身经济利益最大化，理性的企业和个人会对税收进行合理规避以达到减轻自身税负的目的，使得纳税申报制度不能有效执行，导致税收风险存在不确定性并对政府财政收入带来损失。申报应纳税款的多少取决于纳税人的遵从选择、税务筹划水平以及相关的税收政策制度的完善程度等因素，不同纳税人的税收风险程度各不相同，由此产生的实际税收收入偏离预期税收收入的程度也不同。

税务部门无法消灭税收风险，但能预测税收风险发生概率和可能造成的损失，通过经济、政治和必要的政策制度等手段控制税收风险，将其不利影响控制在可接受范围内。

2. 税收风险的特有特征

（1）税收风险的政治性

税收是政府为实现或履行职能而向广大纳税人筹集的资金，因此税收风险必然带有政治性。与一般领域的风险不同，税收风险难以通过市场标准来衡量，只有税务部门知晓纳税征收的期望程度与实现程度，社会及市场上并没有明确的标准来衡量和计算遵从率及税收风险。

（2）税收风险的综合性

税收风险存在于税收征管的各个环节，任何一个环节的疏忽都可能增加税收风险，并且对每一个环节中的具体风险而言，又是由税收征管活动的有效性、纳税人遵从度等诸多不同因素构成的，因此税收风险是多因素综合的结果。

（3）税收风险的传导性

由于税收活动涉及社会经济的方方面面，税收风险与社会经济紧密相连，在某个个体出现的税收风险可能传导至整个地区、整个行业，进而影响社会经济的方面，甚至整个经济体系的发展，可能会影响某政府财政的正常运行。此外，纳税人的税收遵从风险一旦得到确认，不仅要接受补缴税款和滞纳金的经济处罚，还会在信用贷款、政府支持、税收优惠和社会舆论等多方面受到影响。

（三）税收风险的分类

根据不同的分类标准，对纳税人表现出来的不遵从行为可以分成不同种类。基于税务机关征管的角度，对于税收流失风险的分类，可以从纳税人和税务机关两个层面进行分类，即纳税遵从风险与税收征管风险。

I. 纳税遵从风险

纳税遵从风险是指纳税人因规避纳税义务，或者没有正确、充分执行税收政策而导致其经济信用、社会信用等方面遭受损失的可能性。影响纳税人税收遵从的因素至少有社会因素、企业概况、行业特征、经济因素、心理因素等多种因素综合影响的结果，这些因素的整体影响，导致纳税人对税收遵从的态度形成不同的纳税遵从态度的等级分类，即积极自愿遵从、努力尝试遵从、抵制不遵从、决定不遵从。积极自愿遵从、努力尝试遵从这两种属于遵从范畴，而抵制不遵从、决定不遵从属于不遵从范畴。根据我国当前税收风险管理的现状，对纳税遵从态度进行合理分类，为实施科学的税收风险管理提供依据。

（1）积极自愿遵从

这类纳税人的税法意识最强，持有这种态度的纳税人，他们非常愿意遵从税收法律法规规定的义务，愿意支持税务部门的监管体系，积极接受税法及税务机关的要求。这类纳税人相信税法的公正性，认为税收体系是合理的，税务机关是合法的，纳税人缴纳税收的同时，也享受到政府提供的服务。

（2）努力尝试遵从

这类纳税人对纳税的态度属于基本愿意遵从，但是在遵从的过程中由于理解和履行纳税义务时存在困难或出现偏差，导致不能及时、准确、全面地履行纳税义务而出现疏漏，在税收征管实践中，确实存在纳税人主观上无不缴、少缴税款的意愿，但实际上由于不懂税法或者没有很好地掌握税法导致非故意的少报、漏报税款。这些纳税人主观上没有逃避缴纳税收的企图，他们也期望与税务机关建立信任、合作的关系。

（3）抵制不遵从

这类纳税人对纳税相关的事务有抵触情绪，包括对政府管理不满意，对政府提供的服务不满意，对税收制度与政策制定不满意，对税务部门的监管不认同，对税务部门提供的纳税服务不满意，对自身的权利实现缺乏保障不满意，等等。这些纳税人主观上有意识地逃避纳税，但是税务机关如能够加强税收监管并做好宣传辅导，他们会选择遵从。

（4）决定不遵从

这类纳税人是对纳税相关事务完全不配合，持有这种态度的纳税人目的就是逃避纳税，逃避税务机关的监管，他们对政府征税十分抵触，对税务部门征税合法性质疑。这种风险主要是因为税务机构税收监管力度不足、社会压力不够，对纳税人不遵从行为没有形成强大的威慑与打击，其典型的表现为故意偷税、抗税、骗税以及恶意欠缴税款。

2. 税收征管风险

税收征管风险，是指税务机关和税务人员在执行税法时，因主观或客观因素造成税收征管的不确定性，其结果是造成税收的流失。从税务机关税收征管的角度看，具体存在以下几种风险。

（1）税源监控管理风险

经济决定税源，税源直接影响税收。税源转变成为税收的程度与税务机关的监控能力具有密切的联系，税源监管能力强，其转化为税收的程度就高；反之，税源监管能力弱，其转化为税收的程度就低，税收流失可能性就高。从现实情况看，税务机关的税源监控能力还存在诸多的掣肘，比如征纳信息的不对称，税收管理理念和制度的不科学，税务人员的素质等，税源监控的能力有待加强。

（2）税收执法过错风险

税收执法风险，是指税务机关及工作人员在执行税法过程中，由于执法不作为或执法不规范，侵犯了国家或税务管理相对人的合法权益，从而引发需要承担相应法律后果的风险。从当前征管实际看，由于外部执法环境，如地方保护主义、政府干预等影响税务机关执法；从税务机关自身看，执法风险意识不强、管理制度流程缺陷、人员能力素质不高等都是引起执法风险的因素。

（3）纳税服务风险

随着建设公共服务型政府力度的加大，纳税服务工作越发得到税务部门的重视，纳税服务与税收征管已经成为税收核心工作。纳税服务的理念、体系、方法、手段不断改进，纳税人满意度总体得到有效提高，但也应该看到当前纳税服务还不能满足纳税人多元化、个性化的需求，存在追求表面现象不重视效果的"被服务"现象，低水平、浅层次的纳税服务有待改进，纳税服务与税收征管还没有真正融合。

（4）税收安全风险

税收安全风险，是指税务机关在征税过程中，因经济发展、社会环境、国际政治、科学技术等因素造成税收收入持续稳定增长的不确定性。从经济发展与社会环境看，金融危机、自然灾害等都会对经济主体造成严重影响；从国际政治看，经济制裁、贸易壁垒甚至战争都会通过经济影响税收；从科学技术看，随着信息化建设不断深入，税收征管数据集中程度越来越高，数据分析利用能力大大增强，但与此同时，税收数据安全面临的风险也大为增加。

（四）税收风险的成因

税收风险是政治、经济及环境等多方面因素共同作用的结果，研究税收风险的形成原因对于税收风险的识别至关重要。根据相关税收理论，结合我国税收实践，可以将税收风险的成因归结为以下几方面。

1. 政策和制度因素

税收是政府部门为了筹集财政收入而组织的一项强制性、无偿性和固定性的活动，当纳税人的付出与政府提供的公共服务不对等时，税收的这三个特性使得税收风险不可避免，政府部门必须制定相应的政策、法律和规章制度来规范税收活动。因此，一定程度上，税收风险受制于国家的税收政策和法律制度。制度因素主要体现在三方面：税收制度、纳税回报和税收法制。

（1）税收制度

著名的税制四原则：税收公平、税收确定、税收便利和税收经济。其中税收公平原则占据了首要位置，而长期的税收实践也表明，税收制度的不公平和不合理容易导致纳税人的不满甚至产生对立情绪。税制公平合理主要体现在以下两方面。

第一，税率和税负公平合理。税率和税负是否公平合理，是影响纳税遵从的重要因素。在我国的税收实践中，由于户籍、地域、所有制等的差异存在税率和税负不均衡的现象，带来了潜在的税收风险。

第二，纳税程序公正透明。税务机关在征管过程中程序的不透明、不公开、不公正或者对税收违法行为的处罚自由裁量权不统一等，都会造成纳税人产生抵触情绪，加剧征纳双方的紧张关系，进而影响纳税人遵从度的提高。

（2）纳税回报

税收的三个特性之一的无偿性是指政府获得税收收入后不再直接归还纳税人，也不需要向纳税人支付任何报酬，但并不意味着没有间接的回报。在税收征纳双方关系中，纳税人以向政府缴纳税款换取政府为其提供公共服务和公共产品，二者之间是一种契约型的交换关系，纳税人通过缴纳税款来享受政府提供的公共产品。然而，公共产品的非排他性使得这种交换关系对于社会中的每一个个体而言很难完全等价，当缴纳税款较多的纳税人感觉自己与缴纳税款较少的纳税人同等享有公共产品时，就会产生"不公平"感，当遵从度高的纳税人并没有享受到更优质的社会服务，就会导致心理失衡。此外，如果政府对财政收入的使用不公开透明，或者财政支出违背纳税人的意愿等都会让纳税人觉得政府违背了公共财政契约，从而降低纳税遵从度。

（3）税收法制

税收法制这一因素包含了税收立法、执法、司法和监督四方面。

第一，在立法层面，税收法律法规是国家和政府取得税收收入的保障。税收法律法规越健全越完善，税收执行的实际结果偏离预期结果的程度越低，税收风险就越小。然而，事实上我国目前的税收制度尚有不完善之处，主要表现为税收法律体系的不完善、税制设计不合理、程序法中有关规定不够严密等问题。在我国现行税收法律体系中，税收法律只有《税收征管法》《企业所得税法》《个人所得税法》以及《车船税法》四部法律，其余税务部门执行的为国务院制定的行政法规、财政部和国家税务总局、海关制定的部门规章，以及其他各级税务机关指定的税收规范性文件，法律层级较低，刚性不足；当前实施的集中征管的税收征管模式，未能明确纳税人自主申报的主体责任以及促进税法遵从的根本宗旨，征纳双方权责不清，某些法律条款界定不明确使得可操作性不强，从而为纳税人不遵从行为创造了条件。此外，由于我国正处于经济变革阶段，税收相关政策制度都在不断变化和完善中，法律的不稳定也增加了税收风险。

第二，在执法层面，目前实务中仍然存在依据不明、主体不清、程序不透明、处罚不公正和文书不规范等问题，越权执法和滥用执法自由裁量权的案例屡见不鲜。同时，还存在税务官员不作为以及"人情税"等现象。

第三，在配套机制层面，与政策制度配套的监督机制的设立情况同样蕴藏着税收风险。具体地，比如纳税人在缴纳税款后如果无法监督税款的征收及使用情况或者这种监督机制不作为，就会影响公平性的实现，进而形成税收风险；再如，即便税法体系完整而执法机制不健全，奖惩机制不到位，使得纳税主体的遵从行为得不到合理的补偿，或者不遵从行为得不到应有的惩罚的话，税收风险就会产生。

2. 经济因素

（1）经济周期因素

根据经济周期理论，社会经济处于周期性运动过程中，当经济处于上升时期时，所有企业的预期收益都会提高，而税务机关也会逐渐放松对纳税活动的监管，甚至提供更多的优惠纳税条件，为纳税人提供相对宽松的纳税环境。而纳税人处于追求自身利益最大化和竞争压力较大的环境中，往往会利用宽松的纳税政策逃避纳税义务，潜在的税收风险逐渐积累成形。

（2）信息不对称

第一，税收本质是对私人利益的让渡，从趋利的角度看，纳税人不会心甘情愿地遵从税法，会以自身利益最大化为目标尽量减轻税负，而税务部门总是以尽可能少的征税成本实现税收收入的最大化，由此形成了征纳双方的博弈。在这一税收博弈中，双方处于不同的地位，税务部门是政策制定者和权力拥有者，掌握着更多的税收信息，而纳税人拥有掌握自身实际运营方面的信息，税务部门无法获得纳税人的真实信息，双方信息不对称导致道德风险和逆向选择，以谋求自身利益最大化。一方面，对于理性的纳税人来说，是否诚实纳税取决于寻租的成本和收益，当偷逃税款的边际收益大于边际成本时，会选择不交税，或者通过税收筹划转移税负，由于纳税人和税务部门间的信息不对称，纳税人为了实现自身利益的最大化，会最大限度地降低税负；另一方面，税务部门可能会利用权力优势不作为以谋求私利。当税务人员渎职的收益大于风险时，他们可能选择不认真对待工作，同时他们也可能凭借对政策的熟悉，利用政策漏洞为自己谋利或产生寻租行为。

第二，税收遵从成本。税收遵从成本是指纳税人在纳税活动中为承担纳税义务而付出的成本。从税收实践来看，遵从成本主要包括货币成本、时间成本、心理成本和税收筹划成本等。货币成本是指纳税人在纳税过程中的直接货币支出；时间成本是指纳税人为各种纳税事宜所花时间的价值；心理成本是指纳税人认为自己的纳税行为没有得到相应报酬而产生的不满情绪或者担心误解税收规定可能会遭受处罚而产生的焦虑情绪。税收筹划成本是指纳税人为了在不违法的情况下尽量减小自己的纳税义务而组织人力进行税收规划而付出的代价。此外，税制自身与生俱来的复杂性和专业性，导致纳税人直观地理解及遵从税法不容易。因此，法律法规的复杂可能降低纳税人的税法遵从水平。当纳税人认为税收不遵从行为所带来的潜在法律风险和声誉风险等成本小于上述遵从成本，则会选不遵从，从而带来税收风险。

第三，企业管理因素。税法遵从需要纳税人具有良好的财务核算能力、税法理解能力和内部控制。税收风险与经营风险、法律风险、财务风险等都是构成纳税人风险的重要组成部分，重大税收风险甚至可能会影响企业正常经营，更有甚者会使企业难以生存下去，发生倒闭。纳税人一方面由于决策、管理层缺乏诚信纳税的意识以及足够的风险意识，少数纳税人还存在偷逃税收的侥幸心理；另一方面如果财会人员职业道德和职业操守等制度约束不健全、不完善、不到位，会计信息失真的问题比较普遍、财务舞弊行为不时产生，也会带来较大税收风险。由于税收政策规定贯穿于企业投资决策、生产经营、利润分配以及重组改制、合并分立等企业生产、经营活动中，企业需要建立完善的内部控制机制来防范和发现包括税收风险在内的各类风险。而目前大多数企业尚未建立内部税务风险防控体系，没有将企业的经营活动与税收管理行为进行有效融合，缺乏系统控制、防范和化解税收风险的机制和能力。

3. 税收环境

税收环境因素包括国内环境、国际环境及意外情形下的环境。首先，国内税收环境好坏的一个重要判断标准是公民纳税意识的强弱。发达国家税收遵从率较高的一个重要因素是公民的纳税意识较强。所谓纳税意识，就是纳税人主观上对纳税义务的认可程度，如果纳税人不接受纳税义务，则在客观上表现为采取一定行动逃避纳税义务。其次，国际间为了争夺税源形成的税负差异在一定程度上给纳税人提供了避税机会，增大了税收风险。最后，意外事件，如战争、自然灾害等无法预见的情形有可能改变征纳双方的态度，造成应纳税额和实纳税额的差异。

二、税收风险管理概念

现代税收风险管理确立的税务机关努力的目标是提高纳税遵从度，因此税收风险体现在税收风险管理中，就是那些对提高纳税遵从度有负面影响及可能带来税收流失的各种可能性与不确定性。从而，税收风险可以从两方面度量：一是税收风险的可能性，即纳税人带来税收收入流失的不遵从行为发生的概率；二是税收风险带来的损失程度，即发生纳税不遵从行为导致的税收收入流失的额度。

税收风险管理要求税务机关以风险为导向，识别出导致纳税不遵从行为的潜在因素，并制定相应的应对办法，减少甚至消除不遵从行为，最终实现提高税收遵从度，提高税收收入的组织目标。

三、在税收管理中引入风险管理的必要性

20 世纪 70 年代以来，新公共管理运动在西方发达国家兴起，税务部门不断改进税收征管策略，在征管手段上广泛应用信息技术加强涉税信息采集、利用，在机构设置上强调集约化、扁平化及机关实体化运作，对有限的资源进行合理配置和运用，以最小的税收征收成本获取最大收益，即税收流失率降到最低，实现税收风险降低和纳税遵从度的提升。因此，将风险管理和税收管理等管理科学理论相融合，在税收管理中引入风险管理成为税务部门的必然选择。按照风险管理的基本方法，建立税收风险应对机制，对不同风险的纳税人实施差异化的管理措施，将有限的征管资源优先用于高风险的管理对象，可以进一步增强税源管理的科学性、针对性与实效性。

经过多年的市场经济发展，我国经济规模不断增长，经济面貌不断多样化，税务机关面临的征管局面日益复杂，原有的户管员划片管户、以人盯人、以票管税、保姆式服务等管理方法，依靠个体经验方式来收集信息、判断情况、实施管理，管理的质量和水平就无法提高，税源控管能力不足的问题将不断显现，不但不能很好地解决纳税人遵从问题，而且会使税务机关与税务人员的执法风险与日俱增。具体表现如下。

（一）传统税收管理方式不适合新形势的需求

传统的税收管理模式基本上是采用人海战术，由税收管理员"人管户"的方式进行属地管户，但这种粗放的税源管理方式已难以适应新形势的要求。

一方面，随着经济全球化和我国社会主义市场经济的发展，劳动力、资本、技术等生产要素以空前的广度、强度和速度跨地区、跨国界扩张转移，经济规模和经济结构快速发展变化。作为市场主体的纳税人数量、组织结构、经营与核算方式发生了重大变化。经济的跨国化与税收管理的属国化、经济活动的跨区域化与税源管理的属地化之间的矛盾日益突出，尤其是传统的税收管理员属地划片管户的税源管理方式，已难以适应经济形势的变化。在各地税务机关各自的征管范围之内，都有一些集团公司，其下属的分支机构或集团成员企业分布在各县、市、区，有的分布到其他省份，甚至是省外或国外；同样，税务机关也管理着一些分支机构或集团成员企业，其总机构又在外地、外省甚至在境外，从征管的现实角度看，存在通常所说的"看得见的管不着，管得着的看不见"的问题。

另一方面，智慧地球、互联网、物联网、云计算等发展掀起了新一轮信息技术革命，深刻影响着人类的生产生活方式。企业经营和管理电子化、智能化趋势日益明显，规模庞

大、结构复杂的金融电子交易和电子商务不断增长。

而传统的人海战术、以票控税等管理手段已难以适应信息社会迅猛发展的现实。虽然税收征管数据已逐步实现总局、省局集中，信息技术也提供了高效处理信息的手段；但是相当一部分基层税收管理员仍依靠个体、手工等传统方式实施税源管理，信息应用水平较低。与之相对，纳税人，尤其是大型企业集团，却是高度的电子化，从管理、控制到财务、会计，甚至仓储、物流等都是通过信息系统实行团队化的专业处理。显然，只依靠各地基层税务人员对纳税人进行"保姆式"的管理和服务是不够的。

（二）征纳双方信息不对称现象日益突出

在社会政治、经济等活动中，一些成员拥有其他成员无法拥有的信息，由此造成信息不对称。税务机关和纳税人之间的信息不对称表现在两方面：一是税务机关对税源监控乏力。纳税人了解自己的生产经营以及核算情况，知道自己的纳税能力，而税务机关相对纳税人来说却是局外人，对纳税人的生产经营、会计核算信息知之不多。由于生产经营方式的多样性、银行结算方式的失控以及发票管理存在大量漏洞等多种因素，税务机关仅通过日常申报、下户巡查，无法完全掌握纳税人真实的生产经营情况和财务核算情况。有些不法分子正好利用这个便利条件进行多头核算、现金交易、账外经营，随意转移、隐藏收入，偷逃国家税款。二是纳税人对税收政策难以掌握。由于我国正处在经济社会高速变革发展的过程中，税收制度、税收政策变动也很频繁，而部分纳税人纳税能力相对较低，对税法、税收政策不能完全理解甚至根本不懂，加大了纳税人的纳税风险。大量的征管实践显示，一些纳税人不懂法、不守法的问题，常常是导致征纳双方之间出现摩擦或碰撞的主要原因。

（三）税务机关的资源难以满足征管工作的要求

当前税收征管中，纳税人数量激增，而基层税务机关工作人员数量却没有相应增加，大多数税源管理工作人员都感到任务较重，大部分时间都用于应付日常管理，对税源管理的深入分析和思考则显得力不从心，因此采取的管理措施也没有针对性。随着经济的发展，有限的征管资源与纳税人数量日益增加的矛盾越来越突出，靠增加人力资源来加强税源管理已无可能性。另外，随着我国税收改革不断深化，对税务机关人员的素质要求越来越高，而现有税务人员的能力远远不能满足征管工作的高要求。传统的全面撒网、不分轻重的"牧羊式"管理方式对税源的控管缺乏针对性，造成税务机关资源的浪费。因此，将稀缺的资源进行优化配置，提高纳税遵从度，只有通过税收风险管理才能够解决。

（四）纳税成本居高不下

降低税收成本是税收管理的重要原则，国际货币基金组织提出了良好税制的五个特征：经济效率、管理简化、富有弹性、政治透明度高和公平。其中经济效率、管理简化和公平三个特征是最传统、最基本的优化税制要求。中国税收管理从征收成本的角度看，是极其昂贵的。当前一方面是税收管理资源的严重不足，另一方面则是既有的管理资源没有得到优化配置和高效使用，造成了税收管理的高成本和低效率。解决这些突出问题，需要创新税收管理理念，突破传统税收管理思维，推行以税收风险管理为代表的科学有效的税收管理方式，以优化配置有限的征管资源，充分发挥信息数据的作用，实施有针对性的风险管控，提高征管质效。

（五）"放管服"改革对税务机关提出了新要求

以简政放权、放管结合、优化服务为主要内容的政府职能转变是一场从理念到体制的深刻变革，是我国政府的自我革命。"放"，政府下放行政权，减少没有法律依据和法律授权的行政权，理清多个部门重复管理的行政权。"管"，政府部门创新和加强监管职能，利用新技术新体制加强监管体制创新。"服"，转变政府职能，减少政府对市场进行干预，将市场的事推向市场来决定，减少对市场主体过多的行政审批等行为，降低市场主体的市场运行的行政成本，促进市场主体的活力和创新能力。

"放管服"改革要求税务机关转变旧有的征管方式，以推行纳税人自主申报纳税、提供优质便捷办税服务为前提，以分类分级管理为基础，以税收风险管理为导向，以现代信息技术为依托，推进税收征管体制、机制和制度创新。这就要求税务机关建立有效的税收风险管理机制，对纳税人加强税法遵从度分析，应对税收流失风险，堵塞征管漏洞，对税务人加强征管努力度评价，防范执法和廉政风险，提高征管效能。适应"放管服"改革，需要对税源管理环节进行调整，变注重事前管理为科学细化事中、事后管理，也就是增强税收后续管理的及时性和针对性，研究税收管理资源如何围绕放在事中和事后两个环节开展工作。通过合理运用风险管理工具、深入分析、及时识别、有效应对、适时控制税收活动的各种风险因素就成为加强税收后续管理的必要和必须。

新的税收环境要求税收管理转向以税收风险管理为导向的管理方式，"风险导向"主要表现在以下几方面：

第一，确立税收管理的"风险导向"，就是明确"管理就是管理风险"的理念。在纳税征管的全过程中，自始至终关注风险，坚定执行风险管理的流程，把风险控制在可接受范围内。以风险管理为核心，全方位整合各项管理内容与各个管理体系，防止出现风险管理的死角。为此，要在组织内部培育健康的风险意识，通过沟通使所有利益相关人统一风险语言。只有明确管理是管理风险的理念，才能把税务机关从纳税人管理的狭隘眼界中解放出来。

第二，确立税收管理的"风险导向"，就是明确以风险评估为依据的决策原则。以风险的评估为依据，不仅要求风险评估成为决策过程的一部分，而且要求风险评估的结果作为决策的依据。这就明确了决策过程中风险评估的目的和标准，避免了决策过程中风险评估的形式化和劣质化倾向。虽然现在税收征管改革过程中风险评估结果与实际稽查结果有差距，但税收风险评估是一个不断修正、循环往复的流程，不能因为初期产生的偏差就将风险评估过程流于形式。

第三，确立税收管理的"风险导向"，就是明确在组织架构、组织职能、流程确立和资源配置方面要满足风险管理的需要。现在的市场环境中，风险无处不在，瞬息万变，风险管理的需要是推动组织变革和业务模式转型的最根本动力。要克服不利于管理风险的任何障碍，做到所有风险都有人负责管理，每一个人都负责管理风险，使组织始终处于应对风险的最佳状态。

第四，确立税收管理的"风险导向"，就是明确不单纯以业绩结果评价管理的得失，即不以成败论英雄，而是把业绩的结果和业务操作过程中的风险结合起来综合评价管理。组织的生命的重要性应当超过任何阶段性的具体结果，因此在绩效考核时不仅要看到阶段性的业绩，还要考虑组织为取得业绩承担的风险。

四、在税收管理中开展风险管理的可行性

税收风险管理虽然是一个引进国内不久的新理念、新方法，但将其应用于我们的税收工作已具备了一定的条件。

（一）中央深改方案的方向引领

中央印发《深化国税、地税征管体制改革方案》(以下简称《方案》)，提出了依法治税、便民办税、科学效能、协同共治、有序推进的改革原则，其中科学效能原则具体是指"以防范税收风险为导向，依托现代信息技术，转变税收征管方式，优化征管资源配置，加快税收征管科学化、信息化、国际化进程，提高税收征管质量和效率"。并就如何落实简政放权、放管结合、优化服务的要求，转变税收征管方式，提高税收征管效能，切实加强事中事后管理，对纳税人实施分类分级管理，提升大企业税收管理层级，建立自然人税收管理体系，加快税收信息系统建设，推进涉税信息共享等与税收风险管理有关的内容提出指导性意见。

《方案》描绘了构建科学严密税收征管体系的宏伟蓝图，为推进税收治理现代化指明了道路。以税收征管信息化平台为依托，以风险管理为导向，以分类分级管理为基础，推进征管资源合理有效配置，实现外部纳税遵从风险分级可控、内部主观努力程度量化可考的现代税收征管方式，是税收征管体制改革的方向。

（二）国家税务总局不断推进税收风险管理工作

2012 年 7 月底，国家税务总局召开了全国税务系统深化征管改革工作会议，明确提出了当前和今后一个时期深化征管改革的基本思路，即逐步构建"以明晰征纳双方权利和义务为前提，以实施税收风险管理为主线，以推行专业化管理为基础，以信息化为支撑，以加强重点税源管理为着力点"的现代化税收征管体系。

2014 年，《国家税务总局关于加强税收风险管理工作的意见》强调了开展税收风险管理对税收工作的重要意义，明确了税收风险管理的工作内容和总体流程，划分了税务总

局、省税务机关、市县税务机关在税收风险管理工作中的职责，建立起纵向联动、横向互动的工作机制。

2016 年，《国家税务总局关于进一步加强税收风险管理工作的通知》再次强调了新形势下税收风险管理工作的重要性，明确和细化了税务总局和省税务机关的税收风险管理职责及工作机制，确定了近阶段税收风险管理工作的重点内容。

2017 年，《国家税务总局关于转变税收征管方式提高税收征管效能的指导意见》就如何落实"放管服"改革要求转变税收征管方式，提出要"实现事前审核向事中事后监管、固定管户向分类分级管户、无差别管理向风险管理、经验管理向大数据管理"的四个转变。对税收风险管理在"四个转变"的作用，以及如何建立严密高效的税收风险管理运行机制进行了详细论述。

（三）信息化建设提供的技术支撑

近些年，各地税务机关的信息化水平不断提高，相当多省份在前些年实现了税收数据的省级大集中，为税务机关开展税收数据治理和大数据应用积累了经验。近年成功上线的金税三期税收管理系统，具有全国应用大集中、国地税统一版本、数据标准统一规范等特点，为实现全国统一执法、统一征管数据监控、统一纳税服务、统一管理决策奠定了坚实基础。与此同时，政府部门间信息交换机制和互联网涉税信息采集技术都得到了长足发展，这些都使得税务机关能够以大数据应用为手段，开展税收风险管理。

（四）国外先进经验的借鉴

美国最早在税务审计中引入税收风险管理。美国的税务审计人员在对中小企业的税务审计中，充分运用现代信息技术，对风险识别、风险评估、风险处理和风险反馈等方法进行量化管理，及时查找和发现纳税人的风险，并利用各种模型对风险等级高低进行评定，从中找出最需要实施税务审计的纳税人以及审计事项、内容或重点。这种行之有效的方法，后来逐步扩大应用到大企业的税务审计中。

经济合作与发展组织（OCED）和欧盟委员会（EU）对税收风险管理的概念内涵、影响因素、方法程序等进行理论化与系统化的归纳与总结，形成税收风险管理相关工作指引，是将风险管理的一般原理应用到整个税收管理中去，以此来改善稀缺资源的合理配置，实现最优化的税收遵从战略，推动了税收风险管理的发展。目前在 OECD 国家中，已有超过 2/3 实行了税收风险管理，并取得了很好的成效。我国经济体系也在不断地与国际接轨，因此，我国完全可以在税收管理中引入税收风险管理体系，实行以风险管理为导向的税收征管工作。

五、税收风险管理体系

为实现税收风险管理的目标和规划，需要建立起有效的税收风险管理体系，在组织构架、岗位职责和人力资源等方面做出合理的安排。税务机关因地制宜，统筹安排管理资源，按照统分结合、分类分级应对的原则，合理划分各层级和各部门在税收风险管理工作中的职责，形成纵向联动、横向互动的工作机制，做到职责清晰、分工明确、运行顺畅。

（一）明确组织架构

明确国家税务总局、基层税务机关及在两者之间层级税务机关间的职责划分。国税总局负责指导全国范围内的税收风险管理工作，组织制订税收风险管理战略规划，制定税收风险管理工作规程，制定税收风险过程监控和效果评价标准并实施监控与评价，组织开展特定领域的税收风险分析和应对任务推送。省税务机关制订本地税收风险管理战略规划和年度计划，开展风险分析，建立税收风险管理模型和指标体系，形成本地风险特征库，并对风险纳税人进行等级排序，推送应对任务并实施过程监控及效果评价。市、县税务机关重点做好税收风险应对工作，必要时，也可以组织开展风险分析识别工作。

（二）明确岗位职责

明确各层级税收风险管理领导小组及其办公室的职责，按照横向互动、纵向联动的原则建立起其与各业务部门、上下级单位间的衔接、协调机制。建立税收风险快速响应机制、风险协作机制，有效开展风险分析，整合风险应对任务，统筹组织风险应对，强化国地税风险管理信息互通、管理互助和协同应对。

（三）配置人力资源

明确风险规划岗、风险分析岗、风险应对处置岗、监控及评价岗等不同岗位不同的人力资源配置要求、后续培养规划等，使税收风险管理能够顺畅、有效运行。进一步加大各类管理人才的培养力度，充分发挥税收风险管理领军人才和专业人才库人才的引领作用，为有效实施税收风险管理奠定人力资源基础。

六、税收风险管理基本流程

税收风险管理的基本内容包括目标规划、信息收集、风险识别、等级排序、风险应对、过程监控和评价反馈，以及通过评价成果应用于规划目标的修订校正，从而形成良性互动、持续改进的管理闭环。

（一）目标规划

结合税收形势和外部环境，确定税收风险管理工作重点、工作措施和实施步骤，形成系统性、全局性的战略规划和年度计划，统领和指导税收风险管理工作。

（二）信息收集

落实信息管税的工作思路，挖掘和利用内外部涉税信息，作为税收风险管理工作的基础。收集的涉税信息包括宏观经济信息、第三方涉税信息、企业财务信息、生产经营信息、纳税申报信息等不同来源、不同形式的信息。税务机关建立企业基础信息库，并定期予以更新。对于集团性大企业，还要注重收集集团总部信息。

（三）风险识别

建立覆盖税收征管全流程、各环节、各税种、各行业的风险识别指标体系、风险特征库和分析模型等风险分析工具。统筹安排风险识别工作，运用风险分析工具，对纳税人的涉税信息进行扫描、分析和识别，找出容易发生风险的领域、环节或纳税人群体，为税收风险管理提供精准指向和具体对象。

（四）等级排序

根据风险识别结果，建立风险纳税入库，按纳税人归集风险点，综合评定纳税人的风险分值，并进行等级排序，确定每个纳税人的风险等级。结合征管资源和专业人员的配置情况，按照风险等级由高到低合理确定须采取措施的应对任务数量。

（五）风险应对

按纳税人区域、规模和特定事项等要素，合理确定风险应对层级和承办部门。在风险应对过程中，可采取风险提醒、纳税评估、税务审计、反避税调查、税务稽查等差异化应对手段。

（六）过程监控及评价反馈

对税收风险管理全过程实施有效监控，建立健全考核评价机制，及时监控和通报各环节的运行情况，并对风险识别的科学性和针对性、风险等级排序的准确性、风险应对措施的有效性等进行效果评价。加强对过程监控和评价结果的应用，优化识别指标和模型，完善管理措施，提出政策调整建议，实现持续改进。

第六章 规避企业涉税风险理论

第一节 企业涉税风险概念

在市场经济条件下，企业与国家利益关系是通过税收的形式体现出来的。从纳税人的角度讲，税收是国家凭借政治权力向纳税人强行征收的经济利益，是纳税人的支出项目，构成其生产和经营的成本项目。投资人办企业，从事生产和经营活动，其目的是要取得投资收益。但是，企业一旦进入正常运行，就必然会发生应税行为，就要依法纳税。所以，企业的生产经营活动与纳税是一对孪生兄弟，两者存在必然的联系。企业对生产和经营活动过程中的涉税事项进行必要的税务管理，是其应尽的法定义务。

税务机关对企业纳税义务的履行情况进行监督和管理，税务检查是一个重要的手段。如果企业存在涉税问题，一旦税务机关对其实施检查，相关的涉税风险也就会随之暴露出来。目前税务检查的力度越来越大，企业的涉税风险也随之不断增加。纳税人规避涉税风险是其本能的需求，这就必然存在纳税检查应对的问题。

纳税检查应对活动是纳税人为了防范涉税风险，而对企业涉税事项有计划、有组织地安排和管理的全过程。纳税检查应对管理的目的是为了提高企业防范涉税风险的能力，维护企业的生产和经营秩序，提升涉税事项管理工作的效率，加快经济发展，促进有关企业依法纳税，保障投资者合法投资，从而合法地提升生产和经营效益。

投资人为了从事生产和经营活动而设立企业，企业生存和发展必然遇到许多问题和风险，如经营过程中的风险、管理过程中的风险，等等。而蕴含在经营管理风险中的一个重要因素就是涉税风险：企业做大做强以后，该缴的税缴足了没有？以后会不会因偷税被罚款？该用的优惠政策用足了没有？有没有多缴税？这些困扰许多企业老板的问题正是涉税风险管理所关注的问题。不管是从事生产和经营活动的企业，还是提供理财服务活动的税务中介机构，都应该认识到税务管理的内涵是涉税风险管理，即控制企业涉税风险，减少多缴税或少缴税的可能性。

一、企业涉税风险的范围

投资人从事生产经营活动，必然存在一定的支出。作为投资人和经营者来说，增加收入、减少支出是他们的共同追求。而在诸多支出因素中，税收又是其中一个重要的方面。由于种种原因，企业人士对税收了解得并不多，在日常涉税处理过程中往往是凭直觉安排税收问题，所以纳税人存在较大的涉税风险。

什么是涉税风险？我国越来越繁杂的税收政策体系、越来越严格的税务征管措施和越来越复杂的企业交易行为，已经使得企业的纳税问题变得越来越多变。企业涉税风险就是指企业的涉税行为没有按照税收法规的具体规定处理，从而导致企业未来利益的可能损失。具体表现为企业涉税行为中影响纳税准确性的不确定因素，其最终结果表现为企业多缴了税或者少缴了税。

涉税风险是人人都应当知道的事情，不过，如果我们走到书店财会书籍的柜台前，你肯定会有这样的感受：创业、投资、理财的书非常多，可以说是琳琅满目。而与税收有关的书，可能就是税收筹划(避税)的书了。但是，你想找一本关于涉税风险控制方面的书，却是十分困难的。

这种现象，真实地反映了目前在企业税收筹划中的一热一冷的问题，热的是筹划、避税，冷的是涉税风险的评估和控制。这种趋势如果不引起重视，得不到及时遏制的话，不但会有很多参与税收筹划的企业遭受经济和声誉上损失，同时会将税收筹划引入误区。

企业的涉税风险主要表现在以下几方面：

首先风险可能来自投资人和管理者。目前我国的投资人（老板）普遍缺乏税收意识，又缺乏咨询意识。但是，在重大的投资业务或者交易事项上又需要他们拍板，所以在这个环节，发生多缴税或者少缴税的事情是十分正常的。

多数风险发生在采购和销售等交易环节。企业生产和经营的环节较多，而这些环节都可能影响税收，仅以采购活动为例，在日常采购业务中，不懂税收业务的采购人员收取虚开、代开发票的现象十分普遍。再比如，技术参数不达标就无法享受税收优惠，混合销售业务的处理多缴税……此外，企业并购重组也是一种特殊交易行为，而在这个环节的涉税风险特别大。如在对外兼并的过程中，部分企业往往重视并购对象的价值评估，而忽视对其进行涉税风险的评估，由于未对被兼并对象的纳税情况进行充分的调查，等兼并活动完成后，才发现被兼并企业存在以前年度大额偷税问题，企业不得不额外承担被兼并企业的补税和罚款。

风险还可能来自企业员工。企业税务岗位员工频繁变动，企业缺乏定期的员工技能培训制度和奖惩机制，都可能导致涉税风险。比如，财务人员缺乏责任心或者业务水平差，在审核过程中只看有关凭证的合法性，却没有审核与此相对应的其他资料的合理性；对相关交易行为的界定不准确，企业未按规定及时申报纳税；经验丰富的税务人员离职，继任者需要从头开始熟悉纳税管理工作；等等。

此外，还有对政策的理解和适用不到位。很多企业或多或少都存在税法适用上的风险。可以这样说，员工风险应该是所有涉税风险的根本风险，它是最难控制和管理的。

企业在日常涉税事项处理过程中，由于经常游走在税法的边缘，片面地追求减轻税收负担，这就必然蕴含着极大的风险，难免成为税务机关评估和稽查的对象。

二、涉税风险与利益的关系

在日常经营活动中，利益和风险往往是并存的。与税收有关的商业利益目标是企业要考虑的重要因素，为了获得既定的利益目标，企业的决策人在制订方案过程中，都要研究监控企业的风险。

从商业角度讲，风险越大，将来可能的损失越大，同时意味着收益越大。但企业涉税风险却是例外，企业涉税风险对企业来说可能是净损失，谈不上收益。因为在日常税务管理活动中，如果是企业自己的原因多缴了税，税务机关可能不会退回；企业自己少缴了税，税务机关将保留无限期追索的权限，并且一旦检查出来，企业除补缴税款外，还将承担罚款和滞纳金。与此相对应，企业规避涉税风险的收益就是可能避过税务机关的检查而不用补缴的税款、罚款、滞纳金。

通过纳税筹划可以获得一定的商业利益，企业应该考虑会不会由于这个税务利益的产生，令企业的某种交易做不了而导致商业目标无法实现，或者交易的本身就会带来税务利益和风险？税务利益由小到大的时候，对企业经营理念也会产生由小到大的吸引力。

当然，小商、小贩是不会考虑税务风险的，他们有可能连法律都不顾，为了利益，街头摆摊赚钱，因为他的规模太小，如果被抓的话，大不了全部被没收。所以，对于小商小贩来说，他们的经营风险都不考虑，所以，更谈不上控制涉税风险问题。

但是，企业如果上了规模，就会从较低的风险程度转到较高的风险程度上。目前，中国的市场经济发展日新月异，企业扩张的速度也非常快，企业的生产经营决策就会处于变动状态。当企业的规模不大的时候，税务利益的空间很小，但经营者还是千方百计去追求。随着经营规模的扩大，决策者所看到的不仅是税务利益，还有企业生命力、企业各方面的影响力、企业本身的市场需求等。在这样的情况下，风险控制就自然摆在决策人面前了。

从企业理财管理的角度讲，哪种风险自己最难控制？涉税风险最难控制！涉税风险难以控制的原因主要有三：一是涉税利益划分的标准来自外部；二是税收政策与企业的业务流程难以衔接；三是人们存在侥幸心理。

发生税务风险的结果来自两方面：一是税务机关通过检查，发现问题且不予认可，发生税务处罚，从而增加税收成本支出；二是对规模企业来讲，肯定会影响企业形象。与其事后救火，不如事前防火。这些问题我们在这里归结起来研究，并将其称为纳税检查应对技巧。主要从三方面去着手：

首先是建立风险控制环境，即企业管理层在建立书面涉税风险控制策略和目标时，必须明确：企业应遵守国家税收政策规定，照章纳税；企业应积极争取和企业相关的税收优惠；企业和分支机构必须设置税务部门及各级负责人。

其次是评估涉税风险和设计控制措施。评估涉税风险就是企业对具体经营行为涉及的涉税风险进行识别并明确责任人，这是企业涉税风险管理的核心内容。在这一过程中，企业要厘清自己有哪些具体经营行为，哪些岗位涉及纳税问题，这些岗位的相关责任人是谁，谁将对控制措施的实施负责，等等。

最后是信息交流和监控实施效果。信息交流是使整个涉税风险管理工作平稳顺利运行的润滑油。因为即使设计了清晰的目标和措施，但是因为相关部门和人员不理解，导致责任人不能有效地执行，相关部门不能密切配合，实施效果将大打折扣。监控实施效果就是检查涉税风险管理的效果，并对涉税风险管理效果进行总结。

三、企业涉税风险的揭示与应对

企业涉税风险的揭示主要体现在税务机关对其进行纳税检查环节，因此，这就存在一个如何应对的问题。纳税检查应对活动是相对税务检查而言的，纳税人要规避税务检查给企业带来的税收损失，就需要完善企业的涉税管理。

（一）纳税检查应对的概念

税务检查是指税务机关以国家税收法律、行政法规为依据，对纳税人、扣缴义务人履行纳税义务和扣缴义务的情况进行的检查和处理工作的总称。税务检查既包括对纳税人、扣缴义务人履行有关税收程序法方面规定义务情况的检查；同时也包括对纳税人、扣缴义务人履行有关税收实体法方面规定义务情况的检查。

税务稽查是税务检查的一种，是指税务稽查机构的专业检查。税务稽查是由税务稽查部门依法组织实施的，对纳税人、扣缴义务人履行纳税义务和扣缴义务的情况进行的全面、综合的检查；税务稽查主要是对涉及偷逃抗骗税的大案、要案的检查；税务稽查有完整、规范的检查程序和分工，专业性强，水平高，是高标准的税务检查。

而纳税检查应对则是税务检查或者税务稽查对象——纳税人所采取的行为，是纳税人在税务检查或者税务稽查（以后通称为税务检查）之前，或者税务检查过程中，依据税收以及其他法律法规的规定，正确处理有关涉税事项，完善有关经济业务流程，使有关涉税事项符合税收法律法规的规定，规避或者化解涉税风险（避免被税务检查人员确认为偷税），从而提高企业的涉税管理质量，达到提高有关企业的生产和经营效益的活动。因此，纳税检查应对活动包括事先按照相关政策指导有关企业正确处理有关涉税事项、事中指导企业配合税务检查人员的检查和事后按照税务检查处理决定书正确调整账务，按章申报纳税并提出亡羊补牢的措施三个环节。

纳税检查应对行为的内涵可以从以下几方面来理解：

第一，纳税检查应对行为的主体是纳税人（也可以是受纳税人委托的代理机构和其他涉税专家），在有关企业发生涉税经济事项的过程中或者遇到税务人员进行税务稽查时，纳税人依据有关经济事项的法律法规和专业操作常规，从维护投资人和有关企业利益出发，对有关涉税经济活动和涉税事项的业务流程进行规范和完善性处理，体现了税务管理的主动性特征。

第二，纳税检查应对行为的客体是纳税人履行纳税义务的情况和扣缴义务人履行代扣代缴、代收代缴义务的情况。纳税人的应税行为、扣缴义务人的扣缴税款行为往往是和纳税人及扣缴义务人所从事的经济活动紧密联系在一起的。因此要注意对纳税人、扣缴义务人的经济活动的合法性和合理性进行自查监督，实际上是纳税人进行的一种内部控制活动。

第三，纳税检查应对行为的依据是国家的税收法规，以及国家为实现财政分配和财政监督而制定的企业财务通则、企业会计准则和相关财务会计制度等。其中，税收法律法规应是纳税检查应对行为活动的主要依据。

第四，纳税检查应对行为的目的是依据国家税收法规，在税务机关实施税务检查之前主动纠正税收违法行为，促进有关企业依法纳税，合法地进行税收筹划，提高企业的经营效益。

纳税检查应对技术是建立在税收策划理论与技术的基础上，运用《公司法》《合同法》和其他生产经营法律法规以及相关知识，采用主动自查、聘请外部专家代理审查等手段，或者在纳税检查实施过程中，根据税务检查人员的提示，提前发现本企业的涉税问题，从而采取主动性措施，将涉税损失降低到最小状态的技术。

（二）纳税检查应对的要求

1. 要熟练掌握纳税检查应对的法律依据

纳税检查应对是一项税法遵从性行为，要求纳税检查应对操作人员必须熟练掌握纳税检查和企业涉税事项处理的法律依据，做到在纳税检查应对过程中能准确地运用法律政策和有关规定。

第一，要熟练掌握各税实体法的内容，明确判定有关涉税事项的处理是否正确履行纳税义务的标准。各税的实体法具体规定了各税的课税要素，只有熟练掌握不同涉税事项的各种经营业务分别应在什么环节缴纳什么税，适用什么税率，并以什么作为计税依据计算纳税等税制的内容，才能在纳税检查应对活动中明确判定有关业务处理是否正确履行了纳税义务。

第二，要熟练掌握《税收征管法》的内容，明确纳税检查的程序、权利、义务及法律责任，掌握纳税行为合法与非法的界限及量罚的标准。《税收征管法》具体规定了纳税检查的程序，在纳税检查中税务机关及纳税人的权利、义务与法律责任，只有明确掌握这些内容，在应对纳税检查过程中才能够恰当地处理各种可能出现的争执和纠纷。

第三，要掌握税收相关法律的有关内容。例如，要掌握《刑法》有关税收条款的内容，掌握对税收违法案件立案及量刑的标准，以便掌握有关涉税事项的政策底线；要掌握《行政诉讼法》等有关内容，把握正确执法的界限，防止和纠正执法的失当，并在司法中维护自身及国家的合法权利；要掌握《行政处罚法》的有关内容，督促税务检查人员严格执行行政处罚的各种法定程序，防止行政处罚的随意性。

2.要熟悉财务会计制度和会计核算知识

财务会计制度既是纳税检查应对的法律依据之一，也是纳税检查应对人员必须掌握的专业知识，企业财务收支的会计核算又是正确计算纳税的基础。所以，纳税检查应对操作人员必须熟悉企业财务会计制度，掌握记账方法、记账程序、账簿组织、会计业务的处理、费用的汇集与分配、成本的计算与结转、存货的盘存与处理、损益的形成与核算、税金的计提与账务处理、会计报表的编制等会计核算知识，以判定涉税事项发生的各种应税义务记录、核算及申报的正确性。同时，还应明确企业执行的财务会计制度与税法规定不一致的内容，以便在业务协调活动中能依据税法规定判定涉税事项进行纳税调整的正确性。

3.要熟练掌握纳税检查应对的技能

要能熟练地运用各种纳税检查应对的技能方法。纳税检查应对是一项主动纠错行为，所以操作人员应当能够通过账务资料，发现各种税收违法行为。例如，能通过分析各种财务会计报表和纳税申报表等各种资料，发现当事人在纳税方面存在的可疑问题；通过审查会计账簿、凭证；核实各种收入及成本费用记录、核算及申报纳税的正确性；通过调查或实地观察，发现在当事人账面上不易查出的税收违法问题等。同时，还应熟练掌握计算机的操作技能，掌握纳税检查应对管理和选案的软件操作技能，掌握各种财务软件的操作技能，能通过审查当事人的财务软件发现其在纳税方面存在的问题。

第二节　企业涉税风险过程的法律事项

应对涉税风险揭示活动是围绕纳税检查进行的，因此，需要了解税务机构在纳税检查过程的权利和义务，掌握税务检查人员进行纳税检查的思路和方法以及操作重点，实际上就是掌握不同阶段的税收政策环境和税务管理的要求，从而有针对性地实施企业的税务管理。

一、纳税检查人员的职权

有关税收法规规定了纳税检查人员有哪些职权呢？具体地说，税务机关有权进行下列纳税检查：

一是检查纳税人的账簿、记账凭证、报表和有关资料，检查扣缴义务人代扣代缴、代收代缴税款账簿、记账凭证和有关资料。

二是到纳税人的生产、经营场所和货物存放地检查纳税人应纳税的商品、货物或者其他财产，检查扣缴义务人与代扣代缴、代收代缴税款有关的经营情况。

三是责成纳税人、扣缴义务人提供与纳税或者代扣代缴、代收代缴税款有关文件、证明材料和有关资料。

四是询问纳税人、扣缴义务人与纳税或者代扣代缴、代收代缴税款有关的问题和情况。

五是到车站、码头、机场、邮政企业及其分支机构检查纳税人托运、邮寄应税商品、货物或者其他财产的有关单据和有关资料。但不能擅自开箱、开包检查。

六是经县以上税务局（分局）局长批准，凭全国统一格式的检查存款账户许可证明，查询从事生产、经营的纳税人、扣缴义务人在银行或者其他金融机构的存款账户，税务机关在调查税收违法案件时，经设区的市、自治州以上的税务局（分局）局长批准，可以查询案件涉嫌人员的储蓄存款。税务机关查询所获得的资料，不得用于税收以外的用途。

二、纳税检查人员的义务

第一，税务机关派出人员进行纳税检查时，应当出示纳税检查证。

第二，税务机关派出人员进行检查时，在出示纳税检查证件的同时，还应出示纳税检查通知书。

未出示纳税检查证和纳税检查通知书的，被检查人有权拒绝检查。

纳税检查通知书的送达有两种方式：一种是在检查前几天内通知被检查人；另一种是在检查人进入检查现场时，向被检查人出示纳税检查通知书，并说明案由。

第三，为被检查人保守秘密。

第四，法律规定或者纳税人要求回避的，有关检查人员应该回避。

为了保证纳税检查的公正性，《税收征收管理实施细则》（以下简称《税收征管法》）明确规定了回避制度。《税收征管法》第八条规定税务人员在进行纳税检查时，与纳税人、扣缴义务人或者其法定代表人、直接责任人有下列关系之一的，应当回避：

其一，夫妻关系。

其二，直系亲属关系。

其三,三代以内旁系血亲关系。

其四，近姻亲关系。

其五，可能影响公正执法的其他利害关系。

三、纳税人的权利

（一）知情权

纳税人有权向税务机关或者税务人员了解国家税收法律、行政法规的规定以及与纳税程序有关的情况，包括：现行税收法律、行政法规和税收政策规定；办理税收事项的时间、方式、步骤以及需要提交的资料；应纳税额核定及其他税务行政处理决定的法律依据、事实依据和计算方法；与税务机关或者税务人员在纳税、处罚和采取强制执行措施时发生争议或纠纷时，纳税人可以采取的法律救济途径及需要满足的条件。

（二）保密权

纳税人有权要求税务机关或者税务人员为纳税人的情况保密。税务机关或者税务人员将依法为纳税人的商业秘密和个人隐私保密，主要包括纳税人的技术信息、经营信息和纳税人、主要投资人以及经营者不愿公开的个人事项。上述事项，如无法律、行政法规明确规定或者纳税人的许可，税务机关或者税务人员将不会对外部门、社会公众和其他个人提供。但根据法律规定，税收违法行为信息不属于保密范围。

（三）税收监督权

纳税人对税务机关或者税务人员违反税收法律、行政法规的行为（如税务人员索贿受贿、徇私舞弊、玩忽职守，不征或者少征应征税款，滥用职权多征税款或者故意刁难等），可以进行检举和控告。同时，纳税人对其他纳税人的税收违法行为也有权进行检举。

（四）纳税申报方式选择权

纳税人可以直接到办税服务厅办理纳税申报或者报送代扣代缴、代收代缴税款报告表，也可以按照规定采取邮寄、数据电文或者其他方式办理上述申报、报送事项。但采取邮寄或数据电文方式办理上述申报、报送事项的，须经纳税人的主管税务机关批准。

纳税人如采取邮寄方式办理纳税申报，应当使用统一的纳税申报专用信封，并以邮政部门收据作为申报凭据。邮寄申报以寄出的邮戳日期为实际申报日期。

数据电文方式是指税务机关或者税务人员确定的电话语音、电子数据交换和网络传输等电子方式。纳税人如采用电子方式办理纳税申报，应当按照税务机关或者税务人员规定的期限和要求保存有关资料，并定期书面报送给税务机关或者税务人员。

（五）申请延期申报权

纳税人如不能按期办理纳税申报或者报送代扣代缴、代收代缴税款报告表，应当在规定的期限内向税务机关或者税务人员提出书面延期申请，经核准，可在核准的期限内办理。经核准延期办理申报、报送事项的，应当在税法规定的纳税期内按照上期实际缴纳的税额或者税务机关或者税务人员核定的税额预缴税款，并在核准的延期内办理税款结算。

（六）申请延期缴纳税款权

如纳税人因有特殊困难，不能按期缴纳税款的，经省、自治区、直辖市国家税务局、地方税务局批准，可以延期缴纳税款，但是最长不得超过3个月。计划单列市国家税务局、地方税务局可以参照省级税务机关的批准权限，审批纳税人的延期缴纳税款申请。

纳税人满足以下任何一个条件，均可以申请延期缴纳税款：①因不可抗力，导致纳税人发生较大损失，正常生产经营活动受到较大影响的；②当期货币资金在扣除应付职工工资、社会保险费后，不足以缴纳税款的。

（七）申请退还多缴税款权

对纳税人超过应纳税额缴纳的税款，税务机关或者税务人员发现后，将自发现之日起10日内办理退还手续；如纳税人自结算缴纳税款之日起3年内发现的，可以向税务机关或者税务人员要求退还多缴的税款并加算银行同期存款利息。税务机关或者税务人员将自接到纳税人退还申请之日起30日内查实并办理退还手续，涉及从国库中退库的，依照法律、行政法规有关国库管理的规定退还。

（八）依法享受税收优惠权

纳税人可以依照法律、行政法规的规定书面申请减税、免税。减税、免税的申请须经法律、行政法规规定的减税、免税审查批准机关审批。减税、免税期满，应当自期满次日起恢复纳税。减税、免税条件发生变化的，应当自发生变化之日起15日内向税务机关或者税务人员报告；不再符合减税、免税条件的，应当依法履行纳税义务。

如纳税人享受的税收优惠需要备案的，应当按照税收法律、行政法规和有关政策规定，及时办理事前或事后备案。

（九）委托税务代理权

纳税人有权就以下事项委托税务代理人代为办理：办理、变更或者注销税务登记、除增值税专用发票外的发票领购手续、纳税申报或扣缴税款报告、税款缴纳和申请退税、制作涉税文书、审查纳税情况、建账建制、办理财务、税务咨询、申请税务行政复议、提起税务行政诉讼以及国家税务总局规定的其他业务。

（十）陈述与申辩权

纳税人对税务机关或者税务人员做出的决定，享有陈述权、申辩权。如果纳税人有充分的证据证明自己的行为合法，税务机关或者税务人员就不得对纳税人实施行政处罚；即使纳税人的陈述或申辩不合理，税务机关或者税务人员也会向纳税人解释实施行政处罚的原因。税务机关或者税务人员不会因纳税人的申辩而加重处罚。

（十一）对未出示税务检查证和税务检查通知书的拒绝检查权

税务机关或者税务人员派出的人员进行税务检查时，应当向纳税人出示税务检查证和税务检查通知书；对未出示税务检查证和税务检查通知书的，纳税人有权拒绝检查。

（十二）税收法律救济权

纳税人对税务机关或者税务人员做出的决定，依法享有申请行政复议、提起行政诉讼、请求国家赔偿等权利。

纳税人、纳税担保人同税务机关或者税务人员在纳税上发生争议时，必须先依照税务机关或者税务人员的纳税决定缴纳或者解缴税款及滞纳金或者提供相应的担保，然后可以依法申请行政复议；对行政复议决定不服的，可以依法向人民法院起诉。如纳税人对税务机关或者税务人员的处罚决定、强制执行措施或者税收保全措施不服的，可以依法申请行政复议，也可以依法向人民法院起诉。

当税务机关或者税务人员的职务违法行为给纳税人和其他税务当事人的合法权益造成侵害时，纳税人和其他税务当事人可以要求税务行政赔偿。主要包括：①纳税人在限期内已缴纳税款，税务机关或者税务人员未立即解除税收保全措施，使纳税人的合法权益遭受损失的；②税务机关或者税务人员滥用职权违法采取税收保全措施、强制执行措施或者采取税收保全措施、强制执行措施不当，使纳税人或者纳税担保人的合法权益遭受损失的。

（十三）依法要求听证的权利

对纳税人做出规定金额以上罚款的行政处罚之前，税务机关或者税务人员会向纳税人送达《税务行政处罚事项告知书》，告知纳税人已经查明的违法事实、证据、行政处罚的法律依据和拟将给予的行政处罚。对此，纳税人有权要求举行听证。税务机关或者税务人员将应纳税人的要求组织听证。如纳税人认为税务机关或者税务人员指定的听证主持人与本案有直接利害关系，纳税人有权申请主持人回避。

对应当进行听证的案件，税务机关或者税务人员不组织听证，行政处罚决定不能成立。但纳税人放弃听证权利或者被正当取消听证权利的除外。

（十四）索取有关税收凭证的权利

税务机关或者税务人员征收税款时，必须给纳税人开具完税凭证。扣缴义务人代扣、代收税款时，纳税人要求扣缴义务人开具代扣、代收税款、凭证时，扣缴义务人应当开具。

税务机关或者税务人员扣押商品、货物或者其他财产时，必须开付收据；查封商品、货物或者其他财产时，必须开付清单。

四、纳税检查过程中的配合要求

（一）纳税人的配合

纳税人、扣缴义务人必须接受税务机关依法进行的纳税检查，如实反映情况，提供有关资料，不得拒绝、隐瞒。纳税人、扣缴义务人接受税务机关依法进行的纳税检查，如实反映情况，提供有关资料，是纳税人履行纳税义务和扣缴义务人履行义务的一个重要组成部分。

（二）相关部门的配合

税务机关依法进行纳税检查时，有权向有关单位和个人调查纳税人、扣缴义务人和其他当事人与纳税或者代扣代缴、代收代缴税款有关的情况，有关单位和个人有义务向税务机关如实提供有关资料及证明材料。税务机关在执行税收政策的过程中，必须主动取得有关部门支持和配合，有关部门（特别是企业主管部门、工商管理、计划、物价、邮电、银行、公安、铁路、民航、检察院、法院等部门）有义务向税务机关提供有关资料和证明。

（三）纳税检查的证据要求

税务机关调查税务违法案件时，对与案件有关的情况和资料，可以记录、录音、录像、照相和复制。应该注意的是，在工作中税务机关采取记录、录音、录像、照相和复制手段是有范围限制的，必须在调查税务违法案件时使用。

（四）检查环节实施简易强制措施的要求

税务机关对纳税人以前纳税期的纳税情况依法进行纳税检查时，发现纳税人有逃避纳税义务行为，并有明显的转移、隐匿其应纳税的商品、货物以及其他财产或者应纳税的收入迹象的，可以按照税收征管法规定的批准权限采取税收保全措施或者强制执行措施。这里的批准权限是指县级以上税务局（分局）局长批准。

税务机关在行使这项检查时，必须注意前提条件：一是必须是以前纳税期，即对当期的不能按上述规定行使。对当期偷、逃的税款可按照税款征收规定的程序办理。二是必须发现纳税人有逃避纳税义务行为，并有明显的转移、隐匿其应纳税的商品、货物以及其他财产或者应纳税的收入迹象的。三是按照税收征管法规定的批准权限可直接采取税收保全措施或者强制执行措施。这一规定是新征管法的重大突破。

第三节　防范涉税风险的理论基础

在企业的税务管理实践过程中，涉税问题多数发生在业务流程中的各环节，对有关业务流程相关资料的补充和完善是可以在事后进行的。而税务监督检查又是在企业生产和经营一个相当长的时间之后，也就是事后监督。虽然税务机关处理涉税事项讲究"实事求是"的原则，坚持注重证据定案，但是在具体操作过程中，又往往更看重形式（形式证据：书面材料），而这些书面资料本来就是纳税人自己应当完善的，在税务机关进行纳税检查或者案件终结之前，由纳税人向主管稽查的税务机关提供，应当是纳税人的权利。基于这个认识，就形成了根据稽查人员进行纳税检查的要点，有针对性地完善、补充资料（形式大于实质）的纳税检查应对技术和技巧。而这些技术和技巧的操作是建立在税收筹划的理论基础之上的。

所谓税收筹划，就是纳税人在现行税制条件下，通过充分利用各种有利的税收政策，适当安排投资行为和生产经营业务流程，通过合理的财务协调和有机的会计处理，巧妙地安排纳税方案，在合法的前提下，以实现税后利益最大化为目标的涉税经济行为。其基本内涵是：

一、税收筹划的主体是纳税人

从广义上说，税收筹划是一个中性词，既可用于纳税人，又可用于征税机关，但我们在这里主要是研究微观税收筹划问题，因此我们就把策划主体界定为纳税人。

二、税收筹划的客体是各项涉税行为

税收筹划者可以是纳税人本人，也可以是受纳税人委托的其他企业、组织和个人，但税收筹划的服务对象必定是纳税人，策划所指向的对象是投资人所从事的具体生产经营活动涉及的纳税行为及过程。税收筹划过程是围绕着如何充分利用各种有利的税收政策和合理安排涉税活动，在规避涉税风险的前提下，为达到税后利益最大化开展的。如投资地点和投资行业的选择，经济组织的性质、经营方式的安排，筹资计划的落实，存货计价、折旧和分配方案的运作以及企业扩张、资产重组等，在这些具体经济业务活动中，都蕴含有税收利益可以争取的机会和可能。

税收筹划可能帮助纳税人获得税收利益，但是，其前提是涉税零风险。因此，应对纳税检查，帮助纳税人减少涉税风险，也是税收筹划的一个内容，更是税收筹划的一项基础工作。

三、应对纳税检查的重点环节是企业的生产和经营业务流程

投资人的投资活动，从投资活动开始到收回投资，其间存在一个漫长的过程和操作期间，而这个过程又可以划分成若干环节，如在企业设立的时候有投资地点、行业选择、企业规模、经营方式的安排等；而企业正常经营则有原材料的采购、生产、销售等环节。这些环节的每一步都涉及税收问题。这里有一个常见的例子，企业用现金购买原材料，按照职能分工是由企业的采购人员来完成的。当货物入库以后，采购人员将购货发票交给法人代表签字后，再由会计人员入账。企业会计人员凭签字后的发票和货物入库单入账，申报抵扣购进原材料的增值税。但是一年半载以后，税务机关查实该笔采购业务所取得的发票不符合税法规定，属于偷税行为，企业补缴税款后还受到税务机关的处罚。具体分析该笔业务，才发现系采购人员接受了销售方提供的从第三方取得的发票。也就是说，是业务流程、财务核算衔接跟税法的规定出现的差异。应对纳税检查，就是要在纳税人涉税事项的第一个环节着手，强化有关人员的涉税意识，在完善有关业务流程上下功夫。

这里需要解决一个认识上的误区。在日常生产和经营过程中，许多企业的负责人认为，与税收有关的一切事项都应当由财务人员来负责。久而久之，财务人员也认为，一切涉税事项应当由自己来负责。但是，这些财务人员在处理涉税事项的过程中感觉到，许多涉税事项他们想负责，但是无力负责；他们想处理，但是没有资格来处理；他们想控制，但是没有权力来控制。为什么会出现如此尴尬的状态呢？其实原因很简单，按照工作职能，目前企业财务人员所从事的工作，都是一些事后反映（核算）的经济事项。而与该经济事项有关的纳税义务在有关凭证转到财务人员手中之前就已经产生了。如果财务想处理与这个经济事项有关系的涉税事项，他们所能够做的工作就是按规定计算应纳税款。

如果将投资和生产经营的全过程展开分析，人们就不难发现，纳税义务的发生和实现，80%以上不在会计和财务环节。因此，同样也可以得出这样的结论：税收筹划和规避涉税风险的重点应当在投资、生产和经营等业务流程方面。通过实践，有些涉税事项通过会计人员来处理，属于偷税；而通过前面生产或者经营环节来处理，则属于税收筹划。因此，不能认为企业会计和财务人员能够解决所有的税收问题。

四、纳税检查应对活动的目标在于追求涉税零风险

纳税检查应对活动作为税收筹划活动的一部分与其他经济行为所追求的目标是一致的，是税收筹划的基础性工作。纳税检查应对活动必须以依法治税为前提。

不过，有些事项需要放在经济活动的具体环境里进行分析，换句话说，纳税检查应对活动需要与投资人的其他生产要素结合起来考虑和筹划。有时，一项经济活动完成以后，从税法规定的角度来分析，可能属于非法的，但是，如果结合企业的生产和经营活动的特

点，根据有关税收政策规定，在最后确认有关事项的过程中，再将其业务流程进行补充和完善，就可能使该事项的处理获得合法性。

　　当然，纳税检查应对活动是有限度的，也是有一定条件的，并不是随随便便就可以任意运作的，是在不违反现行法律法规的前提下进行的，任何违背合法性原则的纳税检查应对活动，都是行不通的。

第七章　企业税收风险的产生与识别

第一节　企业税收风险产生常见的原因

从本质上来分析，税收征纳双方之间是一种博弈关系，而博弈的产物就是税收风险。可见，税收风险主要存在于两种情况：代表国家行使征税权的征税主体征税过程中；作为纳税主体的纳税过程中。正是因为存在这种博弈，征纳双方都找到了一定的"寻租空间"，这就在无形之中提升了税收风险的概率。

概括来说，税收风险的产生主要基于以下几方面的原因。

一、信息不对称

一般来说，政府有多种取得收入的方式。其中，税收的意义不容忽视。征税机关代表国家行使征税权，其主要任务是努力降低征税成本，从而使税收收入最大化。随着政府职能的不断发展，所需支出也会相应增加，这就需要多征税，而纳税人想少缴税，这就使政府与纳税人之间形成了围绕税收征纳而产生的博弈。

需要注意的是，与征税人相比，纳税人在这场博弈过程中拥有的税收信息更加丰富，因此二者在参与博弈时的地位并不相同。根据经济学的相关理论，代理人是指拥有某种信息的参与者，委托人是指不拥有该信息的参与者，在市场交易过程中拥有信息优势的是代理人。所以，纳税人与征税人的关系可视作代理人与委托人的关系。从行为动机与利益方面来分析，代理人与委托人存在诸多不一致的地方，加上税收信息不对称的影响，委托人就很可能因为代理人做出的不符合自身利益的行为而面临风险。为了有效降低风险，委托人常常会采取一些刺激纳税人积极性的优惠方式。如果代理人失去了委托人的信任，则征税人会要求纳税人提供纳税担保，或者采取提前征税的方式，从而使代理人面临着经营风险。综上所述，正是由于税收信息的不对称，才导致征纳双方在税收博弈过程中产生税收风险。

（一）信息不对称引起的纳税人的道德风险

根据税收理论，影响纳税人是否诚实纳税的关键因素是寻租的成本与收益，而并非所谓的"税收的道德"。假设纳税人是"理性经济人"，那么纳税人每偷逃一个单位税款，其违约边际收益是小于违约边际成本的，纳税人在这样的情况下会选择自觉纳税；如果纳税人每偷逃一个单位税款，其违约边际收益是大于违约边际成本的，纳税人在这样的情况下就会选择偷逃税款。

假设税务部门与纳税人拥有的纳税信息完全对称，纳税人通常会在没有税务部门道德风险的前提下选择守法纳税。然而，让税务部门直接参与纳税人的生产经营活动是不现实的，再加上主观条件（征收人员的个人知识和水平）与客观条件（征收手段）的制约，征收人员所掌握的纳税人信息是不完整的，这就出现了纳税人与税务部门之间的信息不对称现象。为了最大限度地降低税收负担，从而实现自身利益的最大化，纳税人谋取逃税收入的道德风险可能性加大。

（二）信息不对称引起的税务人员的道德风险

信息不对称的情况也存在于税务系统内部。具体来说，既包括一线税收征管人员与上级管理者之间的信息不对称，也包括上级税务管理部门和下级税务征管部门之间的信息不对称。因此，税收征管人员可能出现以下几种道德风险。

第一，与上级管理者相比，一线税收征管人员往往掌握更多的信息。这就大大降低了寻租失败的可能性，容易出现为了谋取个人利益而通过征纳串通的情况，这种行为与上级税务管理部门的利益是背道而驰的。

第二，与一线税收征管人员或下级税务征管部门相比，上级税务管理部门或上级管理者拥有更大的权力，因此有可能通过权力寻租来获取更大的私利。

第三，如果税务人员认为自己的工作付出与所得报酬不成正比，或者自己的工作付出小于报酬，就有可能偷懒。

二、制度不完善

根据新制度经济学的相关理论，制度提供的一系列规则包括三个组成部分，即正式约束、非正式约束和实施机制。

（一）正式约束

政府为满足基本的支出需要，必须采取一定的方法与形式来取得税收收入。而税收以税收制度为载体，税收的正式约束由一系列关于税收的法律法规来构成。

就目前的情况来看，我国的税收法律与制度仍存在很多不完善之处，这就使不法分子偷逃税款成为可能。

1. 操作性较差

《税收征管法》规定："税务机关有根据认为从事生产、经营的纳税人有逃避纳税义务行为的，可以在规定的纳税期限之前，责令限期缴纳应纳税款。"在具体的实践中，"有根据"并没有一个明确的界定，完全由执法人员根据职业经验来进行判断。同时，税务机关掌握此类证据缺乏必要的条件和能力，因此若采取了措施有可能被判为"无根据"，若未采取措施可能会导致税收流失。

2. 自由裁量权的使用缺少制约

自由裁量权在《税收征管法》中规定的罚款数额方面表现得尤为明显。客观来讲，自由裁量权给了某些官员择机处置的机会，但制约制度的缺乏又使自由裁量权的使用出现不合理甚至违法的现象。

第一，随意加重处罚。例如，当纳税人陈述申辩时，执法人员因错误地认为纳税人态度不好而对其加重处罚。这一方面为某些特定岗位的税务官员提供了寻租的空间，加大了腐败的可能性；另一方面则由于税务机关随意加重处罚而激化征纳矛盾，或者直接引发纳税人由于税务机关随意减轻处罚而规避纳税义务。

第二，行政处理手段与违法行为所造成的危害不成比例，违反"过罚相当原则"。

（二）非正式约束

所谓税收的非正式约束，是指人们在长期的社会经济发展中形成的关于税收认识与行为，如纳税意识、道德规范、价值观念、行为习惯等。就我国的情况来看，税收领域的非正式约束较为薄弱，主要表现为公众纳税意识薄弱、公众诚信的价值观念尚未普遍形成等，这成为税收流失并诱发税收风险的重要原因。

（三）实施机制

从实施机制来看，我国对偷逃税的处罚明显不力。具体来说，各级税务机关对税收违法的纳税户真正按征管法的规定进行处罚，即罚款加滞纳金的并不多，在实践操作中往往以补缴税款了结。因此，纳税人的违约成本是偏低的。

三、税收征管效率低

概括来说，税收政策多变性与税收行政执法不规范会引发税收风险。目前，我国正处于经济快速变革的时期，为了更好地适应经济发展的需要，税收政策的变化比较频繁、不够稳定，税务法规变化过快，行政机关拥有过多的自由裁量权，这就增加了税收行政执法过程中的不规范性与随意性。此外，我国的税务行政执法主体包括地税、国税、财政、海关等多个政府部门，且其税务行政执法权常常发生重叠，这就容易在征管实践过程中引发税收风险。

第二节　企业涉税风险的识别

企业涉税风险的识别是税收风险管理的基础，也是税收风险管理的关键步骤。如果不能对税收征管中可能存在的风险进行准确识别，税务机关就无法采取有针对性的预防与处理措施。本节就以银行企业、广告企业为例来论述企业涉税风险的识别。

一、银行企业涉税风险的识别

（一）数据来源

涉税数据主要包括两类：税务机关采集的数据与纳税人报送的数据。综合治税平台、征管信息系统以及税务机关要求纳税人定期报送的其他资料是这些数据的主要来源。其中，征管信息系统按月或按风险识别期获取数据，包括纳税人名称、税务管理码、所属期限、数据项名称、数据额等；税务机关要求纳税人报送的数据按月获取，包括纳税人名称、税务管理码、报送数据项金额（累计数、本期数）、报送数据项名称等。

（二）风险点识别

概括来说，风险点识别也就是风险指标。在进行银行企业涉税风险识别时，可从以下一些指标入手。

l. 房产税和城镇土地使用税指标

（1）原理描述
利用指标参数值对企业房产税和城镇土地使用税是否足额申报进行判断与分析。
（2）数据模型
房产税/城镇土地使用税准确申报率＝本期房产税/城镇土地使用税税款入库金额/本期税源登记金额×100%。
（3）数据来源
征管信息系统、纳税申报表、企业财务报表。

（4）预警值设置

房产税和城镇土地使用税准确申报率100%。

（5）评分标准

当企业的房产税和城镇土地使用税准确申报率不是100%时，情况异常，积10分。

（6）应用要点

与企业的无形资产和固定资产的情况相结合，对企业某些项目是否少申报缴纳房产税和城镇土地使用税，或者抵债资产未申报缴纳房产税和城镇土地使用税进行分析。

2. 城建税和教育费附加准确申报率

（1）原理描述

利用指标参数值，对企业城建税和教育费附加是否足额申报，有无漏缴、少缴等情况进行判断与分析。

（2）数据模型

城建税／教育费附加准确申报率＝本期建税／教育费附加计税依据／（增值税＋消费税＋营业税）×100%。

（3）数据来源

征管信息系统、纳税申报表、企业财务报表。

（4）预警值设置

城建税和教育费附加准确申报率100%。

（5）评分标准

如果企业的城建税和教育费附加准确申报率不是100%，情况异常，积8分。

（6）应用要点

与企业的三税缴纳情况相结合，对企业是否存在某些项目少申报缴纳城建税和教育费附加进行分析。

3. 印花税准确申报率

（1）原理描述

利用指标参数值来对企业印花税是否足额申报，有无漏缴、少缴等情况进行判断与分析。

（2）数据模型

印花税准确申报率＝本期印花税税款入库金额／本期印花税应缴税金合计数×100%。

（3）数据来源

征管信息系统、纳税申报表、企业财务报表。

（4）预警值设置

印花税准确申报率100%。

（5）评分标准

当企业的印花税准确申报率不是100%时，情况异常，积8分。

（6）应用要点

与企业的各类合同进行结合，对企业是否存在某些项目少申报缴纳印花税的情况进行分析。

4. 同类型银行同职级人员个人所得税、偏离率

（1）原理描述

一般来说，同类型银行同级别人员的收入及个人所得税水平大都比较接近。所以，如果某银行个人所得税与同业平均值偏离较大，则可能存在部分应税收入未申报情况。

（2）数据模型

某类型银行某一级别人员人均个人所得税税额 $=\sum$ 同期同类型银行同级别人员个人所得税税额 / 该类型该级别人员总人数 $\times100\%$。

（3）数据来源

征管信息系统、纳税申报表、企业财务报表。

（4）预警值设置

XX 类型银行 XX 级别个人所得税偏离率指标模型正常区间为从 D−d 到 D+d，若该项指标低于正常区间，则该个人为异常待评估对象。

（5）评分标准

当企业的个人所得税偏离率分布在正常区间外时，情况异常，积11分。

（6）应用要点

与应付福利费、应付工资等科目相结合，对企业是否存在某些项目少代扣代缴个人所得税或者以费用报销形式少代扣代缴个人所得税进行分析。

5. 分项收入比重偏离率

（1）原理描述

对银行业当前营业税各分项收入占总收入比重的偏离程度进行分析。

（2）数据模型

利息收入偏离率 =（利息收入比重 − 行业利息收入比重均值） ÷ 行业利息收入比重均值 $\times100\%$。

中间业务收入偏离率 =（中间业务收入比重 − 行业中间业务收入比重均值） ÷ 行业中间业务收入比重均值 $\times100\%$。

其他营业税应税收入偏离率 =（其他营业税应税收入比重 – 行业其他营业税应税收入比重均值）÷ 行业其他营业税应税收入比重均值 ×100%。

不征税收入偏离率 =（不征税收入比重 – 行业不征税收入比重均值）÷ 行业不征税收入比重均值 ×100%。

X 项收入比重 =X 项收入额 ÷ 全部营业收入额 ×100%。

行业 X 项比重均值 = 全市所有银行 X 项收入额合计 ÷ 全市所有银行全部营业收入额合计 ×100%。

（3）数据来源

纳税申报表、企业财务报表。

（4）预警值设置

对各银行一定时期各项收入占其总收入的比重进行计算时，以收入类别为依据来确定各项收入比重的行业平均值 B，其正常区间为从 B–b 到 B+b；若该项指标分布在正常区间外，则该银行为异常待评估对象。

（5）评分标准

当企业的分项收入比重偏离率分布在正常区间外时，情况异常，分别积 12 分、10 分、8 分和 8 分。

（6）应用要点

与主营业务收入明细相结合，对金融保险业税目与其他营业税税目混淆的情况以及企业是否存在应税收入与不征税收入、免税收入核算不清或核算错误进行分析。

6. 营业税税收负担率和营业税税收负担变动率

（1）原理描述

对企业营业税的税负比重进行分析。

（2）数据模型

营业税税收负担率 = 本期应纳营业税额 / 本期营业收入 ×100%

营业税税收负担变动率 =（本期营业税税收负担率 – 上期营业税税收负担率）+ 上期营业税税收负担率 ×100%

（3）数据来源

征管信息系统、纳税申报表、企业财务报表。

（4）预警值设置

对各银行一定时期内的营业税税收负担率进行计算时，可设 A 为平均税负，其正常区间为 A–a 到 A+a，如果低于正常区间，则该银行为异常待评估对象。

（5）评分标准

当企业的营业税税负低于预警值时，情况异常，分别积 15 分和 10 分。

（6）应用要点

与主营业务收入明细相结合，用来对是否存在应税收入与不征税收入、免税收入核算不清或核算错误等情况进行分析。

二、广告企业涉税风险的识别

（一）数据来源

涉税数据主要包括相关第三方的数据、税务机关采集的数据、纳税人报送的数据。综合治税平台、征管信息系统以及税务机关要求纳税人定期报送的其他资料是这些数据的主要来源。

具体来说，第三方数据主要从城管局、工商局、建设局、物价局等相关的部门按月获取，具体主要包括法人代码号、企业名称、数据金额、具体数据项等；税务机关要求纳税人报送的数据按月获取，包括纳税人名称、税务管理码、报送数据项金额（累计数、本期数）、报送数据项名称等；征管信息系统按月或按风险识别期获取数据，包括纳税人名称、税务管理码、所属期限、数据项名称、数据额等。

（二）风险点识别

一般来说，可利用以下指标来进行广告企业涉税风险识别。

I. 资产负债率

（1）原理描述

分析纳税人经营活力，判断其偿债能力及经营状况。

（2）数据模型

资产负债率＝负债总额 ÷ 资产总额 ×100%。

上述模型中，负债总额由流动负债与长期负债构成，扣除累计折旧后的净额即资产总额。

（3）数据来源

纳税申报表、企业财务报表。

（4）预警值设置

变动区间设置为 ±50%。

（5）评分标准

当企业的资产负债变动超出区间时，需要注意，积 3 分。

（6）应用要点

应与资产负债表中的预收账款、应付账款、其他应付款等科目的期初、期末数相结合，以此来对企业是否存在通过以上会计科目少计收入的问题进行分析。

2. 营业外收入和其他业务收入变动率

（1）原理描述

分析企业除主营业务收入外的其他收入变动情况。

（2）数据模型

（本期营业外收入和其他业务收入 – 基期营业外收入和其他业务收入）÷ 基期营业外收入和其他业务收入 ×100%

（3）数据来源

纳税申报表、企业财务报表。

（4）预警值设置

变动区间设置为 ±50%。

（5）评分标准

当企业的营业外收入和其他业务收入变动超出区间时，需要注意，积 3 分。

（6）应用要点

与主营业务收入变动率相结合，对企业是否少计收入不入账或者套用低税率的税目少申报营业税进行分析。

3. 主营业务费用变动率

（1）原理描述

分析企业费用变动情况。

（2）数据模型

（本期主营业务费用 – 基期主营业务费用）÷ 基期主营业务费用 ×100%。

注：

主营业务费用率 =（主营业务费用 ÷ 主营业务收入）×100%。

（3）数据来源

纳税申报表、企业财务报表。

（4）预警值设置

变动区间设置为 ±30%。

（5）评分标准

当企业的费用变动超出区间时，需要注意，积 10 分。

（6）应用要点

与主营业务费用率结合在一起来分析年度申报表及附表，通过对企业费用结转情况的了解来分析企业是否存在虚列费用的问题。

4. 主营业务成市变动率

（1）原理描述

分析企业成本变动情况。

（2）数据模型

（本期主营业务成本 – 基期主营业务成本）÷ 基期主营业务成本 ×100%。

注：

主营业务成本率 ＝ 主营业务成本 ÷ 主营业务收入。

（3）数据来源

纳税申报表、企业财务报表。

（4）预警值设置

变动区间设置为 ±20%。

（5）评分标准

当企业的成本变动超出区间时，需要注意，积 10 分。

（6）应用要点

与主营业务成本率结合在一起来分析年度申报表及附表，从而有效掌握企业成本的结转情况，对企业是否存在少计收入或多转成本等问题进行分析。

5. 主营业务收入变动率

（1）原理描述

分析企业收入变动情况。

（2）数据模型

（本期主营业务收入 – 基期主营业务收入）÷ 基期主营业务收入 ×100%。

（3）数据来源

纳税申报表、企业财务报表。

（4）预警值设置

变动区间设置为 ±10%。

（5）评分标准

当企业的收入变动超出区间时，需要注意，积 8 分。

（6）应用要点

与主营业务收入明细相结合，对企业是否存在收入不入账的情况进行分析。

6. 税负率变动率

（1）原理描述

分析企业总体税负变动情况。

（2）数据模型

税负变动率 = 本期税负率 ÷ 历史同期税负率或同行业平均税负率 × 100%。

（3）数据来源

征管信息系统、纳税申报表、企业财务报表。

（4）预警值设置

综合税负预警值的取值为 7.45%。

（5）评分标准

当企业的税负低于预警值时，情况异常，积 12 分。

（6）应用要点

与主营业务费用率、主营业务成本率等指标相结合，分析年度申报表及附表，从而掌握企业费用列支情况与成本结转情况，对企业是否存在多转成本和虚列费用的情况进行分析。

7. 主营业务收入变动率与营业税收入变动率比对

（1）原理描述

如果营业税收入与主营业务收入未能实现同步变动，则可能存在虚列广告发布费、套用低税率的税目少申报纳税或者混淆收入等问题。

（2）数据模型

当主营业务收入变动率 > 0 时，则当期营业税税额 > 基期营业税税额；

当期主营业务收入变动率 > 0 时，而当期营业税税额 < 基期营业税税额为异常。

（3）数据来源

征管信息系统、纳税申报表、企业财务报表。

（4）预警值设置

正常情况下，这两个指标的变化幅度比较接近，且变动方向相同。

具体来说，若当期主营业务收入变动率 > 0，则基期营业税税额小于当期营业税税额；若当期主营业务收入变动率 > 0，而基期营业税税额大于当期营业税税额时，可能存在少申报营业税现象。

（5）评分标准

当两者反方向变动或变化幅度差距较大，情况异常，积 15 分。

（6）应用要点

与主营业务收入明细相结合，用来对企业是否套用低税率的税目少申报营业税进行分析。与主营业务费用变动率、主营业务费用率等指标结合在一起进行分析，并与同行业的水平进行比较，从而判断企业是否多列广告发布费。

8. 主营业务收入变动率与费用变动率比对

（1）原理描述

一般来说，主营业务收入和费用往往同时发生变动。如果二者未能同步变动，则可能存在企业虚列费用、隐瞒收入的问题。

（2）数据模型

主营业务收入变动率 ÷ 主营业务费用变动率 ×100%。

（3）数据来源

纳税申报表、企业财务报表。

（4）预警值设置

正常情况下，这两个指标的变化幅度比较接近，且变动方向相同，具体表现在以下三方面。

第一，当比值＜1，两者都为正且相差较大时，费用和收入都增加，但费用增加幅度大于收入增加幅度，可能存在企业扩大税前扣除范围、多列费用等问题。

第二，当0＜比值＜1，两者都为负且相差较大时，费用和收入都降低，但费用的降幅小于收入的降幅，可能存在企业扩大税前扣除范围、多列成本费用等问题。

第三，当比值为负数，且后者为正前者为负时，费用增加，收入减少，可能存在企业扩大税前扣除范围、多列费用等问题。

（5）评分标准

当两者反方向变动或变化幅度差距较大，情况异常，积12分。

（6）应用要点

与主营业务费用变动率、主营业务费用率两项指标结合在一起进行分析，并与同行业的水平进行比较，从而对企业是否多列费用进行分析。

9. 主营业务收入变动率与主营业务成市变动率比对

（1）原理描述

如果主营业务收入不能与主营业务成本进行同步变动，则有可能存在虚增成本、隐瞒收入等问题。

（2）数据模型

主营业务收入变动率 ÷ 主营业务成本变动率 ×100%。

（3）数据来源

纳税申报表、企业财务报表。

（4）预警值设置

一般来说，这两个指标的变化幅度比较接近，且变动方向相同。如果出现变化幅度差距较大或反方向变动的情况，则属异常情况，主要体现在以下三方面。

第一，当比值＜1，两者都为正且两者相差较大时，当期成本、当期收入比基期都有增长，说明成本增加幅度大于收入增加幅度，可能存在企业扩大税前扣除范围、多列成本费用等问题。

第二，当0＜比值＜1，两者都为负且两者相差较大时，当期成本、当期收入均比基期降低，说明成本的降幅小于收入的降幅，可能存在企业扩大税前扣除范围、多列成本费用等问题。

第三，当比值为负数，且收入变动为负数时，当期收入比基期收入减少，可能存在企业隐匿收入等问题。

（5）评分标准

当两者反方向变动或变化幅度差距较大，情况异常，积12分。

（6）应用要点

应与主营业务成本率相结合来分析年度申报表及附表，以此来确定企业成本的结转情况，进而对企业是否存在改变成本结转方法等问题进行分析。

10. 主营业务收入变动率与主营业务利润变动率比对

（1）原理描述

当主营业务收入和主营业务利润同步变动，以及两者反向变动情况异常时，常常存在虚增成本、隐瞒收入等风险。

（2）数据模型

主营业务收入变动率 ÷ 主营业务利润变动率 ×100%。

（3）数据来源

纳税申报表、企业财务报表。

（4）预警值设置

正常情况下，这两个指标的变化幅度较接近，且变动方向相同。如果二者的变化幅度差距较大或者变动方向出现不一致，就属于异常情况，具体体现在以下三方面。

第一，当比值＞1，两者都为正且两者相差较大时，本期收入增长幅度大于本期利润增长幅度，可能存在企业扩大税前扣除范围、多列成本费用等问题。

第二，当0＜比值＜1，两者都为负且两者相差较大时，本期收入减少幅度小于本期利润减少幅度，可能存在企业虚增成本或隐匿收入等问题。

第三，当比值为负数，且后者为负前者为正时，本期利润下降、收入上升，可能存在企业扩大税前扣除范围、多结转成本费用等问题。

（5）评分标准

当两者反方向变动或变化幅度差距较大，情况异常，积15分。

（6）应用要点

应与主营业务利润率结合起来进行分析，从而对企业历年主营业务利润率的变动情况有一个较好的了解。如果企业的主营业务利润率指标发生异常，为了准确判断是否存在少计收入的问题，应通过年度申报表及附表分析企业收入构成情况。

此外，在进行广告企业涉税风险的识别时，还可参考以下几项指标。

第一，工资发放的变动与个人所得税变动的配比。

第二，广告代理的毛利率与广告业规定的代理费比例。

第三，主营业务增长率与行业增长率的配比关系。

第四，营业税与印花税配比。

第八章 企业涉税风险规避的策略

第一节 优化企业税收管理体制机制

基于经济发展程度、大企业状况、税制结构、税收管理技术等各方面的差异，各国大企业税收管理体制机制各有特点，没有统一的模式，但大多数国家的税务机关设定了清晰、具体的大企业纳税人标准，建立了科学的税收风险管理机制，设立了专业化的大企业税收管理机构，对当前我国大企业税收管理工有重要的启示和借鉴价值。

一、完善纳税人分类分级管理制度

分类分级管理源于提高纳税人税法遵从的需要，同类纳税人的遵从行为、遵从模式、遵从心理相似，所面对的管理和服务需求趋同。在保持税款入库级次不变的前提下，应反对纳税人和涉税事项进行科学分类，对税务机关各层级、各部门管理职责进行合理划分，运用风险管理的理念和方法，依托现代信息技术，提升部分复杂涉税事项的管理层级，将有限的征管资源配置于税收风险或税收集中度高的纳税人，实施规范化、专业化和差异化管理。

（一）明确大企业纳税人范围和标准

根据纳税人特点实行分类管理，是许多国家的普遍做法，也是节约资源、降低成本、提高效益的客观需要。从各国实践来看，确定大企业纳税人的因素主要包括营业收入、资产总额、纳税额、员工人数等，兼顾区域经营、行业特点、国际化背景、税收管理的复杂性等，各国划分大企业税收管理对象有"单一标准"和"复合标准"两种。"单一标准"即只采用一个指标来定义大企业，如以资产总额、营业额、注册资本或纳税额等指标作为衡量标准。"复合标准"同时兼顾多种因素，采用多个指标的组合，目前大多数国家采用此标准。各国大企业纳税人标准一旦确定，即向社会公布并对大企业纳税人名册实行动态调整。在确定大企业标准时，多数国家都坚持了定性与定量相结合原则，以确保入选企业的经济影响力和税收贡献度在本国具有举足轻重的地位。

在具体征管操作上，应注意以下两点：

1. 做好大企业标志工作

在现有的征管系统中，区分大企业和其他企业，对大企业及其成员企业设置明确标志，方便大企业涉税信息的查询、整理、使用。

2. 坚持以集团为单位对大企业进行管理

实际工作中的主要障碍在于股权架构信息采集难度较大，由集团总部定期报送的信息不及时、不准确。因此，可以考虑增加符合条件的大企业纳税申报信息，要求其在纳税申报时主动申报母公司持股信息，及其下属子公司的股份情况，便于系统自动对集团信息进行归类，以集团为单位展示税收信息。

（二）明晰大企业税收管理部门的管理事项和职责

已有超过 50 个国家成立了专门的大企业税收管理部门。其中有不少国家的大企业税收管理部门主要负责大企业纳税人的风险管理事项和法制事务，基础涉税事项的职能则一般归属于基层税务机关。税务登记、纳税申报等基础性事项由最基层的税务署负责办理，同时需要将大企业纳税人的数据上报至大区国税局的大企业税收管理部门。俄罗斯针对九大重点行业设立了九个大企业税务管理局，主要负责大企业纳税人的税务检查和审计。

从管理模式上看，"区域＋行业"的管理模式已被多数国家认可，此类管理模式是指按行业进行服务与管理，并兼顾各个行业在区域上的分布设定行业分局的管理范围和业务边界。美国共设立九个管理大企业的机构，除了四个基于地理位置的大企业税收管理机构之外，还基于穿透性实体、企业特殊事项、协定和转让定价、预提所得税和个人国际事项遵从审查、跨国活动五个主题分别设立专门的大企业税收管理机构。"区域＋行业"的管理模式，能够对有限的资源进行更加科学、合理、高效的配置，精准管理高风险大企业纳税人，同时减少对诚信纳税人的干扰，实现总体税收管理效果的最优化。

国家税务总局印发《纳税人分类分级管理办法》（税总发〔2016〕99 号），对我国大企业税收管理部门的主要职责进行了明确，主要包括大企业个性化纳税服务、数据采集、风险分析识别、风险应对过程监控、效果评价和风险分析工具设计维护等事项。参考国际经验，部分管理事项和职责需要进一步明晰和完善。结合我国大企业税收管理的实际情况，提出以下建议：

1. 明晰职责，对涉税事项进行分类分级管理

一是管理事项分类。将管理事项分为基础事项和复杂事项，提升复杂事项管理层级，由总局、省级大企业税收管理部门直接负责大企业复杂涉税事项，如个性化服务、风险识别与分析、税务审计和反避税调查等；同时对下级大企业税收管理部门的管理服务质量进

行绩效评估，使总局、省级层面的大企业税收管理部门成为大企业服务和管理的主要机构。地市级主要承接省局推送的工作事项。属地主管税务机关承担法定的、通常依纳税人申请而发起的基础管理事项。二是风险事项分级，探索建立全面和重点相结合的工作方式，针对诸如股权转让、跨境投资、关联交易等常见高风险等级的涉税事项，逐项组织开展税收风险管理，同时以高风险涉税事项风险分析指引为带动，形成"点—线—面"结合的推广应用模式。

整体上，针对在全国具有典型性的高风险涉税事项，总局、省局明确风险分析应对的重点方向、环节、步骤和方式方法，为各级税务机关有重点、有针对性地开展风险管理工作提供精确指导。在具体实施上，采取"总局整体风险评价—省局重点风险核查—总局风险结果复核—省局逐一风险应对"上下联动、环环相扣的工作流程。其一，集中系统骨干从企业集团整体角度进行综合分析评估，系统了解掌握高风险事项的分布、结构和税收风险状况，以及需要重点评估的风险问题、疑点；其二，由各地对综合评估出的风险问题和疑点逐一进行重点分析、核实；其三，对各地重点分析、核实情况和结果进行系统梳理、评价，按不同风险类型逐一制定、实施针对性的应对措施。这种抽丝剥茧、层层深入的方式，可以使整个风险管理各环节的工作任务和重点更加规范清晰、有的放矢，也保证了高等级税收风险问题的分析、核实和应对得到有效落实。

2.细分行业，按行业跨区域配置工作职能

借鉴国际经验，大企业税收管理部门应当在重点行业、重点地区和重点税源地配置更多的征管力量，使各地的征管能力和大企业税收管理的需求相匹配，便于税务机关开展更加全面的风险管理和纳税服务。"行业＋地域"的管理模式按行业进行服务与管理，同时兼顾各行业的区域分布来设定行业分局的管理范围和业务边界，已被国外实践证明是成功经验。建议打破现有行政区域格局，按照大企业行业属性实行大片区团队管理，组建具备较高业务水平和丰富工作经验的税收管理团队，负责不同行业大企业的风险管理和纳税服务工作。一般而言，分行业管理主要可选择两种模式：一种模式是几个主要的行业组成一个团队进行管理，另一种模式是一个行业组建一个团队进行管理，具体行业参照我国国民经济行业分类标准进行确定。

二、构建专业化大企业税收管理机构

大企业税收专业化管理核心在以风险为导向将大企业复杂涉税事项集中到大企业税收管理部门统一负责。税务机关应主动适应我国社会经济和税收发展新常态，配合全面深化改革的国家战略，借鉴国际经验，积极探索风险导向下的大企业税收专业化管理模式。

（一）完善顶层设计，规范大企业税收管理机构

从世界各国经验看，设立专门的大企业税收管理实体机构，是对大企业实施有效管

理、避免职责交叉、条块分割的客观需要，多数国家都设立大企业税收管理局负责大企业税收管理工作。自国家税务总局设立大企业税收管理司以来，经过多年的探索实践，已经在理念更新、业务再造、技术研发、信息保障、人才培养等方面做了充足准备，在我国成立实体化的大企业税收管理机构的条件已经成熟。

从财税管理体制上分析，我国实行的是从中央到地方"一级政府、一级财政"的预算体制，现行的税收管理体制也是与之相伴而生的。在进行征管改革时，如果盲目效仿某些国家设立垂直扁平的大企业税收管理机构，对大企业实行一体化管理，从财税利益出发，各级政府、各级税务机关存在较大顾虑，同时在人员编制和经费上也存在较大压力。我国的行政管理体制、财政预算体制、税收计划体制的特殊性，决定了大企业税收管理机构设置不能盲目地照搬其他国家的扁平化管理体制模式，而应考虑实体化各级大企业税收管理部门的思路，采取分步走的策略。现阶段，主要是依托目前的税务机构格局，初步完善全国大企业税收管理组织体系。重点建立和完善总局、省局两级大企业税收管理机构，形成全国税务系统内自成体系、相对独立的大企业税收管理组织架构。

在税制改革全面完成和税务机构改革时机成熟之后，可以探索性地借鉴美国等西方国家的做法，进行税务机构重组，按照专业化管理模式，建立管理自成体系、业务相对独立的大企业税收管理局。

国家税务总局成立"总部＋若干直属局"的机构格局。国家税务总局大企业税收管理局主要负责制定全国性大企业税收管理工作规划和制度办法，向各地提供业务指导和技术支持，对各地落实全国性工作情况进行监督和绩效考核。同时牵头负责重点大企业的个性化服务、风险评估、税务审计、反避税调查等大企业税收服务与管理工作。各直属大企业税收管理局为国家税务总局大企业税收管理工作的直接执行机构，按照经济区域设置，主要设置在大企业比较集中的如北京、上海、广州等特大型城市，作为国家税务总局大企业局的派出机构，赋予执法权，人员、经费、业务指导由总局统筹，直接以国家税务总局大企业局的名义开展工作。这些直属大企业局同时也是国家税务总局在全国的行业支持中心，承担行业遵从管理战略制定、行业风险信息管理、技术模型开发、专项工作支持等事项；组织实施全国性税收风险管理、税务审计；负责签订遵从协议，做出事先裁定、反避税调查等具体涉税行政行为。

各省大企业税收管理局为省税务局大企业税收管理专业机构，集行政管理权和执法权于一体，接受国家税务总局大企业税收管理局业务技术指导和管理，工作具有相对独立性。主要负责本省内大企业的个性化服务、风险评估、税务审计、反避税调查等专业化管理事项，接受并完成国家税务总局大企业税收管理局推送的工作任务；跨区域大企业税收管理事项的协调处理，原则上由上一级税务机关统筹协调、负责管理。

地市级大企业税收管理局具有独立执法资格，是辖区内大企业税收管理工作的执行机构，承担省级大企业局推送的各项工作，组织实施本区域内的大企业税收管理工作，包括个性化服务、风险评估、税务审计、反避税调查等专业化管理工作。地市级大企业局可以根据大企业数量、分布、税源集中度和地域面积，按行政区划或跨区域设立，其人员任命由上级税务局负责(省级大企业局可推荐人员)，业务上接受省级大企业局的领导和管理。

属地基层税务机关负责省级局确定的大企业及其成员企业的税务登记、纳税申报、税款征收等日常基础管理与一般性纳税服务工作，同时有责任与各层级大企业部门共享大企业的各项涉税信息。

（二）探索建立一体化大企业税收专业化管理工作机制

各国大企业税收管理经验表明，大企业集团化运作、跨地区经营等特点决定了对大企业的管理必须做到纵向统筹、横向协调联动。当前，由于我国税务机关设有负责征收管理、税务稽查、国际税收等职能机构，导致大企业税收管理部门与这些部门之间存在职能交叉、业务边界不清晰等问题，纳税人有时在同一涉税事项上不得不接受税务机关的多头管理、重复检查。因此，应在健全机构、明确职责范围的基础上，不断优化"总局统筹、系统联动、国税与地税协作、税企互动、信息共享"的大企业税收管理工作机制，形成大企业税收管理部门、相关业务部门一体化运行的工作机制，整合资源，明确分工，发挥各自职能和比较优势，共同做好大企业税收管理和服务工作。

具体而言，建议将大企业的税政管理、反避税调查、税务稽查、行政审批、税务审计及其他与大企业发生联系的工作，统一归口到大企业税收管理部门。具有执法资格的大企业局可以直接面对企业，统筹协调有关部门共同管理大企业的复杂税收事项，实现大企业涉税事项"归口管理、一窗对外"。法规、征管等相关业务部门主要是通过联席会议机制，以大企业税收管理部门为载体向企业提供税收政策、技术和其他工作支持。稽查部门针对大企业的税务稽查，原则上只是办理举报案件或是大企业税收管理部门移交的重大税收违章违法案件。

（三）健全大企业税收专业化管理的制度体系

加强和规范大企业税收专业化管理工作，制度建设至关重要。许多国家以法律的形式对大企业税收管理予以明确，并配套细化相关规章制度。我国大企业税收管理机构成立以来，大企业税收管理制度建设取得了重大进展，但制度的完整性、系统性、科学性和权威性等方面尚有较大改进空间。因此，加强大企业税收管理制度建设是大企业税收现代化的重要基础性工作。结合各国先进经验与我国现实需求，可以从以下三方面着手健全大企业专业化管理制度。

1.建立完善制度体系

一方面，适应经济发展特别是大企业的新情况、新要求，梳理完善已经出台的各项管理制度和工作规程，消除现有制度与有关税收管理制度的冲突性，增强制度的可操作性，便于纳税人遵从和各级税务机关执行；另一方面，加快制度建设步伐，重点围绕大企业税收管理核心业务，诸如风险分析、风险应对、税法遵从管理、个性化服务、内控机制建设等核心业务，建立规范的制度体系。

2. 提升制度的权威性

适应依法治国实践需要，配合国家税收法定立法、税收征管法修订以及税务行政审批制度改革等法制建设，提高大企业税收管理制度法规的制定层级，适合立法的应在相关法律中予以明确，如在新修订的《中华人民共和国税收征收管理法》及其实施细则中，确立开展大企业税收专业化管理的法律依据等，规避行政执法风险。对于税务审计这种具有行政执法性质的新型税务检查方式，更要明确其行政行为的法律依据以及规范的工作程序等。对于大企业税收专业法管理的形式、流程、权责等，由国家税务总局单独或会同相关管理部门，按照国家规范性文件管理办法程序制定出台具体制度规程，防止风险应对手段被基层税务机关滥用。

3. 强化制度的执行力

有关法律按照法律监督职责和程序监督各级税务机关执行，纳入上级税务机关和各级人大等外部法律监督程序；国家税务总局出台的各项大企业税收管理制度规程，由各级大企业部门按程序负责解释、督察和绩效考评工作，监控制度执行效果。同时，对于不遵从制度的行为，加大惩戒力度，维护制度法规的严肃性和公平性。

第二节　完善大企业税收风险管理

风险管理理念最早由 OECD 引入税收管理领域，随之在大企业税收管理方面深入应用，以风险为导向促进税法遵从已成为多数国家大企业税收管理的必然选择。税收风险可以认为是税收收入流失或税法没有得到有效遵从的表现，即管理现实与理想法定之间存在的差距。若对税收风险不加以识别、分析并有效化解，则会给企业自我遵从带来负面影响。税收风险管理就是税务机关降低税收风险、矫正征纳双方行为、提高纳税遵从的管理活动。

各国大企业税收风险管理在制度建设、管理方式、业务标准和流程、税企关系处理等方面积累了丰富经验。目前，发达国家在此方面主要形成了 OECD 模式和欧盟模式的理论和实践，两者在本质上是共通的：通过采集涉税数据以备分析；通过识别、排序税收风险以配置征管方式和资源；通过评估、处置税收风险以分类解决风险问题；通过评价、反馈税收风险处置过程和结果以总结风险发生原因、提升风险防控能力。

目前，我国初步建立了以"数据采集—风险分析—推送应对—反馈考核"为流程的大企业税收风险管理体系，并且正在不断开展积极、有效的探索。为科学合理吸收、借鉴国际成功经验，我们可以从以下几方面进一步完善具有中国特色的大企业税收风险管理体系。

一、充分保障数据来源，提高数据管理质量

作为大企业税收风险管理流程的首个环节，数据采集是后续开展风险识别、风险分析、风险应对的必备基础。结合数据采集在各国税收领域的具体实践，尤其是面对层级众多、业务复杂的大企业税收管理问题，以计算机和互联网为基础的现代化信息系统在数据采集工作中得到广泛应用，"智能化"数据提取和第三方信息平台的数据挖掘已成为大势所趋。

税收数据是宏观经济发展的晴雨表，可以透视未来经济发展趋势和税收运行态势。随着大数据和"互联网＋"不断发展，涉税数据采集正逐步上升到数据管理的高度。2017年，国家税务总局发布了《关于做好金税三期数据管理工作的通知》，确定了国家税务总局、省税务局两级管理架构，从强化数据质量管控、提高全国数据集中时效、深化金税三期决策支持系统应用、规范数据共享调度机制、加强外部数据交换共享和推进现代信息技术应用六方面推进并加强整体涉税数据管理。同期，在大企业税收管理层面，发布了《关于加强千户集团数据管理工作的意见》，初步搭建了千户集团数据管理的主要框架，并提出了一系列具体措施，包括建立健全千户集团数据管理制度规范；强化千户集团数据采集、管理和应用；加强千户集团数据管理的信息化支撑；加强数据管理专业化团队建设四方面。

在数据管理方面，美、英、澳、法等国家在长期探索中，建立了较为完善的数据采集、管理和应用的法律基础和工作机制，开发了一系列大企业税收管理信息系统，对我国进一步加强大企业涉税数据管理工作具有重要借鉴意义。

（一）加强立法，明确税收数据采集权限

为确保税务机关全面掌握纳税人的信息，许多国家对税务机关获取纳税人申报数据以及其他涉税信息提供了强有力的法律支撑。完善的立法是涉税信息采集的支撑和保障，相比而言，我国关于涉税信息采集的法律规定内容宽泛、条文分散、约束力不高、可操作性不强，不利于对涉税信息的采集和利用。现阶段，应加速制定涉税信息提供与采集相关的法律、法规，明确要求纳税人提供纳税申报资料的同时，赋予税务机关根据工作需要采集大企业相关涉税数据的权力，进一步提高我国涉税信息采集工作的法制水平，缓解征纳双方信息不对称的状况，丰富大企业税收风险管理的内容，筑牢大企业税收管理的基石。

（二）拓展渠道，建立数据采集长效机制

大企业税收服务与管理需要海量的数据作为支撑，各国在大企业税收专业化管理的探索过程中，逐步建立了多渠道的数据采集体系。为解决数据来源渠道单一、第三方数据匮乏、采集数据内容不完整、数据更新不及时等问题，我国正逐步拓宽大企业涉税数据采集渠道，建立并规范大企业涉税数据采集机制。

1. 规范和完善纳税申报制度

纳税申报表及其财务会计报表是纳税人经营成果的最终体现，也是税务部门检验其纳税情况的最基本资料。税务机关获取企业纳税人申报相关资料，不仅有助于精准发现大企业税收风险，还能拓宽经济分析角度，提高税收经济分析的附加值。与其他国家的大企业数据采集体系相比，我国大企业数据采集机制的建立相对较晚，征管数据存在诸多不完善之处。为此，国家税务总局相继发布了《关于规范全国千户集团及其成员单位企业纳税申报时附报财务会计报表有关事项的公告》（国家税务总局公告 2016 年第 67 号）和《关于规范全国千户集团及其成员企业纳税申报时附报财务会计报表工作的通知》（税总办函〔2016〕979 号），要求税务机关加强对千户集团及其成员单位附报财务会计报表工作的规范、指导和督促，做好千户集团附报财务会计报表数据的采集、校验和报送工作。

2. 完善政府部门涉税信息共享机制

在保证数据安全的情况下，实现政府部门涉税信息共享，可以最大限度地发挥税收大数据的聚合作用。目前，在与财政部、国资委、中国企业联合会等部门实现初步数据共享的基础上，国家税务总局将进一步扩展数据共享的参与部门与数据范围，推进外部数据获取工作常态化、制度化开展，同时，适时推进《政府涉税信息共享与保障条例》等法律法规的制定，加强第三方信息共享，避免对企业数据多头重复采集，切实减轻企业负担。

3. 拓展第三方数据来源渠道

结合千户集团特点，研究推进从行业协会获取具有特色的指标数据，充分挖掘银行、证券、保险等行业的数据，同时加强对商业数据库和网络爬虫工具的利用，从互联网定向获取大企业股权交易、工商变更等信息。通过购买 Wind 数据信息、互联网信息搜索等方式，定期获取金融、房地产、汽车、电信等千户集团相关行业数据，实时掌握国际原油价格指数等行业标志性指标数据，动态收集上市公司财务信息，作为千户集团数据的有益补充。

（三）积极探索，推行标准化商业报告语言

可扩展商业报告语言（XBRL）是基于互联网、跨平台操作，专门用于财务报告编制、披露和使用的计算机语言，基本实现了数据的集成与最大化利用、会计信息输出统一和相关资料共享，是国际上将会计准则与计算机语言相结合，用于非结构化数据，尤其是财务信息交换的最新公认标准和技术。通过对数据统一进行特定的识别和分类，可直接为使用者或其他软件所读取及进一步处理，实现一次录入、多次使用。自 XBRL 国际组织颁布了总分类账 XBRL 以及以美国 GAAP（一般公认会计原则）为基础的明细分类标准以来，许

多国家，如美国、英国、德国、加拿大、澳大利亚、日本、新加坡等国家，以及国际会计准则委员会都纷纷颁布了以各自 GAAP 为基础的 XBRL 明细分类标准，XBRL 发展已取得巨大的进展。

大企业涉税资料繁杂、范围宽广、搜集成本十分高昂且滞后性明显，所以在统一技术规范的基础上，加强 XBRL 在涉税范围的推广和使用，将实现涉税信息的制作、收集、传输、发布和分析利用，降低涉税信息利用成本，提高信息的准确度和利用率，利用 XRRL 标准化数据，美国、英国、澳大利亚等国家初步实现了对大企业涉税风险的自动化风险识别。

我国也已开始在大企业涉税数据管理方面探索运用 XBKL，通过研究我国大企业使用 XBRL 格式上报涉税资料的可行性和具体途径，并推广相关项目的进程，将大幅提高涉税信息处理的电子化、自动化、网络化水平。

（四）多措并举，健全涉税数据管理应用

数据信息管理的目的是要保证系统内数据信息的充分性、时效性和准确性。数据信息是原材料，在数据仓库中分类存储以备使用。我国也十分重视建立、健全大企业涉税数据的管理应用，主要开展了以下工作：

1. 建立千户集团名册管理制度

国家税务总局制定了《千户集团名册管理办法》(国家税务总局公告 2017 年第 7 号)，明确千户集团入围标准、成员单位报送口径、组织架构梳理方法等。各省大企业税收管理部门通过国有资产管理、财政、工商等部门以及互联网获取集团架构信息，与现有名册开展比对校验；逐步建立名册动态更新机制，及时将符合标准的集团和遗漏的成员单位纳入千户集团名册。

2. 建立千户集团数据联络员制度

国家税务总局发布了《千户集团数据联络员管理办法》，进一步压实数据采集主体责任，畅通税企数据采集渠道。各省大企业税收管理部门定期召集千户集团联络员通报当期数据采集进展和数据质量情况，共同研究数据采集中的问题；组织开展数据联络员业务培训，提高其业务能力。

3. 建立数据管理岗责制度

各级大企业税收管理部门设置专门的数据管理岗，由专人负责数据采集、审核、汇总、上报等工作，并明确岗位职责和要求，每年根据工作完成情况对其进行考核。

4.建立千户集团数据集市，统一数据应用平台

国家税务总局依托金税三期数据仓库，逐步建立千户集团数据集市，实现千户集团所有成员单位数据总局一级集中，多级使用；整合千户集团风险分析平台、经济监控平台、税务审计软件等信息系统，建立统一的数据应用平台，科学分配使用权限，实现共享使用。

在开展上述工作的基础上，我国的大企业涉税数据管理应用仍须继续完善，应在不断细化相关制度的同时，注重各种数据的科学分类、存储和调用，不断加强管理应用的可操作性和实效性。

二、有效采取多种措施，提升风险分析质效

根据发达国家成功经验，在大企业税收风险分析中融入现代风险管理理念，可将风险分析细化为风险识别、评分、排序这三个主要步骤，从而满足对不同遵从程度的纳税人进行差异化管理的需要。这一过程中，如何保证风险分析的有效性便成为一项关键工作。发达国家的大企业税收管理部门在税收风险分析方面，通过设置风险分类、研发指标模型、建立统一信息平台、进行过程监控等内容探索出诸多方法和手段，也越来越受到我国的关注和认可。

国家税务总局发布了《深化大企业税收服务与管理改革实施方案》（税总发〔2015〕157号），明确提出"组建千户集团税收风险分析专业团队，以税收风险分析平台为载体，采用计算机扫描、人工专业复评的人机结合方式，联合省局大企业税收管理部门、跨区域开展千户集团税收风险分析"。

（一）合理设置大企业税收风险多维分类

澳大利亚、荷兰等国开发了风险矩阵模型和合作遵从模型，对大企业税收风险进行科学合理的区分，以此优化税收管理资源的配置，将尽量多的资源投入高风险纳税人的管理中。根据这种理念，美国、澳大利亚、法国等国再将风险按照行业和特定事项划分出具体的风险系列，拓展不同维度的风险类别。

我国在借鉴国际经验的基础上，也进行了有益的尝试和探索。

1.纳税申报流程维度

对于不同涉税环节的风险进行甄别，对税务登记行为性风险、纳税申报表填报行为性风险、纳税申报真实性风险和税款缴纳及时性风险，分别进行专门化处理，并优先应对风险等级高的企业，主动采取预防性措施，通过优化纳税服务来消除那些非主观故意的税收风险，通过纳税人可感知的风险遏制措施减少因主观故意产生的税收风险。

2.行业细分维度

先后开展了金融（包含银行、保险、证券等行业）、石油石化、电信、电力、烟草、

房地产、建筑、有色金属、煤炭等行业的税收风险分析指引编制工作，详细描述了各行业发展背景、生产经营流程及特点、会计核算及税务处理情况以及特有风险领域等内容，并据此汇总成各行业税收风险特征库，指导分行业开展的大企业税收风险管理工作。

3. 特定事项维度

利用大企业集团化、网络化运作的特点，关注产业链上下游关联交易以及集团内部业务和资产重组等重大交易，开展了限售股减持、股权转让、汽车金融以及跨境投资等一系列重大事项的税收风险管理，与行业风险分析形成了纵横捭阖相得益彰的互补格局〉

（二）科学设计大企业税收风险分析指标模型

国家税务总局在开发适合我国国情的大企业税收"风险过滤器"，已设计并正在逐步完善成系统的税收风险指标体系和模型。

I. 设计并升级相关税收风险分析指标

设计了千户集团税收风险程度测试指标体系，该体系涵盖通用、架构、税负、行业、财务、内控六个维度的分类指标，基本形成了一套多门类、分层次、可扩展的指标体系。该指标体系的升级也在持续进行中。目前，指标体系 1.0 版已实现精准选户，可对已加载数据的千户集团成员企业自行进行风险打分，并按照高、中、低风险等级进行自动排序，可以按行业排序，也可以按地区、规模排序，得出风险高低，为精准选户提供依据；指标体系 2.0 版实现企业风险点定位，依托现有模型，从地区、行业、集团、登记注册类型、企业规模等多个维度，对有数据的集团或成员企业直接进行计算机扫描，进一步锁定风险疑点，为人工复评提供良好基础。下一步，指标体系 3.0 版将要拓展行业维度，实现行业全覆盖。

2. 按需组合相关税收风险分析模型

在指标基础上更进一步将不同类别、层次的指标科学组合成不同风险分析模型，加载到风险分析平台形成风险识别报告。在开发行业维度分析模型的基础上，新增国税、地税各税种申报依据对比不一致风险类模型和电子发票数据与申报数据对比不一致风险类模型等专项模型。下一步，将深入推进模型验证工作，拓展行业模型的研发。

（三）加快建设大企业税收风险分析平台

我国依托金税工程三期决策二包，努力构建集一户式查询、税收风险分析、税收经济分析等功能于一体的大企业税收管理信息化平台，固化大企业税收管理事项，建立上下联动、协调统一的大企业税收专业化管理格局。

1.在一户式查询功能方面

深度梳理企业集团组织架构。由专门团队根据千户集团名册绘制企业集团树状组织架构图，从企业集团和成员企业两个维度汇总相关静态、动态信息。一方面，可以从全局和战略角度对企业集团进行整合管理，掌握企业集团经营发展的脉络和方向，从而判断可能潜在的结构性、系统性税收风险；另一方面，可以从微观角度实时了解、监控成员企业的具体运营，便于发现识别具体的、个案的税收风险。

2.在税收风险分析功能方面

进一步优化数据采集、风险识别、风险分析、推送应对、反馈考核等核心功能模块。采用多种分析技术和分析模型，对千户集团及其成员企业的涉税数据进行深入分析，从而了解集团的内部控制水平和税法遵从状况，进而揭示潜在的税收风险。将税收风险分解、量化为具体的风险应对任务，按照工作流程在平台中实现痕迹化管理，经反馈总结过程达到税务机关和企业税收风险管理能力的双提高，增强集团税法遵从能力、降低集团税务风险，实现税务机关税收风险管理水平的有效提升和征管资源的高效配置。

3.在税收经济分析功能方面

以千户集团为样本，以千户集团数据仓库、通用和行业经济运行分析指标、分析模型为基础，分析经济运行热点难点问题，反映经济运行状况及经济结构调整情况，揭示税源发展中存在的问题，形成高质量的经济运行分析报告，为党中央、国务院宏观决策提供建议，提升税收工作服务经济社会发展大局的能力。

（四）努力实现大企业税收风险管理过程监控

根据国际社会经验，对我国报告系统建设有以下启示。

1.报告系统要能够支持战略和战术层面的应用需求

报告系统既要能够生成简明扼要的报告体例，便于管理层从战略层面及时掌握风险分析与应对的情况，也要能够支持具体战术层面的应用，及时把风险分析与应对过程中发现的问题向管理高层展现，便于高层进行决策。

2.要注意提高报告质量

报告系统的信息主要源于案件管理系统、工作量分配系统等，应注意按照管理层的视角来对诸多信息进行加工整合，这些软件系统的数据质量将会直接影响报告整体的生成质量。完善的报告系统将帮助各级管理层监测其团队的实效和内控，并及时发现风险管理成效及存在的问题，有助于下一步风险管理工作的开展。

三、不断完善流程机制，提高风险应对质量效率

风险应对是风险分析的落脚点，也是风险分析结论正确与否的试金石。综观各国大企业税务审计（风险应对，下同）情况，除荷兰、加拿大等国侧重以遵从导向防范风险外，均赋予了税务审计在整个风险管理中无出其右的重要地位。各国税务审计基本流程也大多为：审前准备→拟订审计计划→收集信息→分析信息→确定审计范围→开展审计→出具审计报告→与大企业沟通最终的审计结果。目前，我国的大企业税收风险应对工作与其他国家流程基本一致，但还存在一定的差异：一是各国大企业税务审计通常由对该企业具有税收管辖权的专业机构进行，如美国按照"主题＋区域"模式设置九个专业化分局，在开展税务审计时由各行业团队负责实施。二是大企业税务审计人员具备相应的执法权，如日本企业所得税法和消费税法规定，大企业检查人员可以查阅企业账簿、记录和其他相关材料，为了确认交易的细节，根据需要，检查人员还可以访问企业的经营场所，如分支机构和工厂等。

由于我国大企业税收风险应对概念的提出相对较晚，承接国家税务总局千户集团风险应对工作的基层税务机关正在进行职能调整，所以要充分考量我国现有国情和税收法律实际，从以下几方面加以借鉴。

（一）赋予执法资格，提升管理效能

国际经验表明，大企业税收管理部门只有具备对大企业纳税人的执法资格，才能有效落实风险管理的具体内容。但在当前，国家税务总局依法定程序实施数据采集、针对复杂疑点问题约谈企业、开展疑难问题调查时，还未被明确赋予相应的执法资格和较大的调查权限，影响全国千户集团税收风险分析应对目标的顺利实现。下一步，应考虑从国家税务总局层面理顺大企业税收管理所需要的相应实体化职能。

（二）明确管理边界，避免多头管理

风险应对是一个相对独立的工作，但又必须在统一指挥调度下开展。风险应对人员不能自主选择案件，而是要按一定的工作计划从分析评估的高风险案件中自动获取审计工作量。我国现行的税收管理体制赋予基层税务机关进行税务检查和纳税评估的职责和权力，要求分类开展税收风险应对，但并未在制度层面明确大企业税收管理部门应采取何种应对技术和方式，造成大企业税收管理部门在应对时不得不采取一些变通的措施，可能会导致一些不必要的执法风险。因此，应尽早明确大企业税收风险应对的方式，完善相应的法律保障，区分与其他类别风险应对的边界，划清工作范围和权限，杜绝或减少因管理交叉带来的目标模糊、方法陈旧、职责不清、效能低下的问题，同时避免多头、重复管理。

（三）严密应对流程，建立评价体系

为保证风险应对工作有条不紊地开展，必须有规范的流程加以引导。澳大利亚税务局注重效能管理的做法值得借鉴，既不是所有风险应对任务都按照一个标准管理，也不是发现的所有风险全都一查到底，而是全面衡量案件的价值，利用项目管理原则来对风险应对任务实施管理。在建立我国大企业税收风险应对工作质量评价体系时，可做以下考虑：

第一，在风险应对的各个环节对工作质量进行评估，明确评价标准：管理可靠性、整体性、正确性、恰当性、有效性、透明度、连贯性、及时性和效率。

第二，将已完结的风险应对工作按照统一的标准格式加入千户集团风险分析知识库。大企业风险分析人员可参照相关内容提升业务水平，持续改进工作。

第三，适时建立外部监督机制，定期或不定期向大企业纳税人发出调查问卷，要求其对风险应对工作的开展情况进行反馈，帮助大企业风险应对人员提升现场应对能力，同时降低税收执法风险。

四、强化成果反馈考核，提升税收风险管理水平

反馈考核是大企业税收风险管理流程的终点，更是新一轮大企业税收风险管理流程的起点。良好的反馈考核机制、方法以及对反馈成果的应用对提升风险管理质量、优化大企业税收风险管理、构建良好税企关系、促进税企双方的税法遵从都具有积极的促进作用。

（一）建立严格规范的反馈考核机制

美国对大企业税收风险管理有一套成熟的业绩监控与评价体系，根据业绩目标设计出有效的业绩评价指标，并根据情况变化随时予以调整。经实践论证，我国在反馈和考核方面也分别建立了相关机制。

l. 风险应对反馈机制

省局、地（市）局风险应对主体负责将风险应对结果报送省局"风险办"，同时报送省局大企业税收管理部门；省局"风险办"负责将风险应对结果报送总局"风险办"；省局大企业税收管理部门负责对风险应对结果进行加工整理，形成个案分析报告和综合分析报告，一并报送国家税务总局大企业税收管理司，并且提出风险分析和应对工作建议。

2. 风险应对考核机制

一是建立一整套完善的绩效考核指标，根据国家税务总局大企业税收管理司各项工作职能及本年度系统绩效考核指标运行情况，更新完善系统绩效考核指标。二是建立跟踪监控机制。坚持按月将各地风险应对情况汇总成系统绩效考核台账，及时掌握各地绩效成绩。每年召开一至两次系统绩效考核座谈会，邀请部分单位绩效管理员参加，听取各地对

绩效考核的意见建议，了解各地任务完成情况。三是客观汇总结果。根据绩效考核台账，客观汇总记录风险应对各项指标成绩，并按时录入绩效考核系统，发挥绩效考核"指挥棒"作用。

（二）探索科学有效的反馈考核方法

我国正在建立网络化的风险应对工作流平台，全过程监控风险应对，防止风险应对流于形式，强化对各地应对的风险交叉核实。同时，加强应对绩效管理，严格责任考核，细化责任落实，确保取得实效。

目前正在编写的大企业税收风险网络化应对业务需求，包含千户集团税收风险管理岗责体系、千户集团税收风险管理应对方式、千户集团税收风险管理应对流程、千户集团税收风险应对涉及表证单书及大企业税收风险管理的应对过程及成果展现五大部分，以业务需求为基础搭建大企业税收风险应对工作流平台，以信息化网络为基础，依托千户集团风险分析和应对平台，实现国家税务总局对风险应对工作流程的总览、对应对各层级和各环节的总控以及对风险应对成果的总评。

（三）深化和拓展反馈考核成果应用

一些国家对企业一些容易发生遵从风险的业务开展风险提示，并启动促进遵从的程序，促进企业遵从。我国目前也有相似的做法。

1. 以应对促分析

根据风险应对反馈结果，及时优化风险分析工具，更新税收风险特征库和大企业基础信息库。针对风险应对中发现的新情况、新问题，及时提出加强和改进税收征管的意见和建议，完善征管措施，有效解决同类风险在同一企业、同一集团、同一行业重复发生的问题。

2. 以应对促法制

大企业部门整理税收风险管理中发现的税收法律和政策问题，通过"风险办"及时告知相关税政部门，提出完善税收立法、调整税收政策的意见建议，并协助有关部门尽快从政策层面加以完善解决，可以有效提升税收法制水平。

3. 以应对促内控

将应对成果反馈给企业，帮助企业发现自身税务管理上存在的问题，更好地帮助企业增强税务风险内控水平。对明显存在税务风险和内控薄弱的企业，在风险应对后，及时帮助其完善税务风险防控体系，提高税法遵从能力。

第三节　提升大企业纳税服务水平

随着以合作遵从理论为核心的大企业税收管理理论体系的逐渐确立，世界发达国家的大企业税收管理也从税务机关"一手抓"逐步过渡到税企共治的"两手硬"，纳税服务在其中的重要地位日渐凸显。众所周知，大企业一般拥有健全的会计核算和内部控制体系，具有较高的遵从意愿，但往往由于交易事项复杂，经常涉及跨境交易和关联交易，且普遍存在税收筹划等行为，税收风险日渐突出，对大企业的可持续发展影响越来越大。因此，如何提高大企业的自我遵从能力，成为各国税务部门关注的核心问题。通过大企业纳税服务，构建税企共同参与的税务治理生态圈，提升大企业纳税人的税法遵从度和满意度，是当下大企业税收管理的发展方向。

国家税务总局发布的《深化大企业税收服务与管理改革实施方案》（税总发〔2015〕157号），提出"平衡治理，合作遵从"的管理理念，要求各级税务部门坚持服务和管理并重，通过优化大企业纳税服务预防和消除税收风险，注重在税收风险管理中满足大企业个性化服务需求。在这方面，美国、澳大利亚、英国、荷兰等国在长期探索中，开发和应用了一系列针对大企业纳税人的个性化服务产品，建立了较为完善的争议处理机制，对我国进一步优化大企业个性化服务具有一定的借鉴意义。

一、合理规划，做好大企业纳税服务顶层设计

大企业经营全球化、业务复杂化、管理信息化、需求个性化的特点，使其往往实行自上而下的管理模式。鉴于大企业对社会和经济发展具有重大的影响，税务机关必须调整管理模式，从大企业的个性化需求入手，合理规划，做好顶层设计，建立自上而下的大企业纳税服务体系。世界上已经建立专门的大企业税收管理机构的50多个国家，都非常注重提升大企业税收管理层级，自上而下，寓管理于服务，为大企业提供个性化的纳税服务。

（一）提高认识，找准发展方向

经过多年的探索和实践，我国秉承"平衡治理"的理念，以实现大企业税收管理现代化为目标，充分融合大企业税收服务和管理，积极构建平等合作互信的和谐关系，以大企业税务自治和税务机关监控为主，税企合作共同防范风险，建立税企命运共同体。日常工作中，通过服务增进税企双方的沟通，获取大企业集团的理解和配合，以更高效地开展税收风险管理；同时，把服务作为管理的延伸，通过服务手段开展长效跟踪管理。目前我国

在普遍性纳税服务与个性化高端纳税服务的界限划分方面，以及服务和管理深度融合的手段和方式上，还有所欠缺，应积极寻找合适的切入点，寓管理于服务，以服务促管理，建立服务与管理并重且有机衔接的工作机制。

（二）统筹安排，明确服务事项

目前，我国将纳税服务分为普遍性纳税服务和个性化纳税服务两大类。针对大企业，由一般纳税服务部门提供普遍性纳税服务，如税务登记、发票领用等；由大企业税收管理部门，按照既不能大包大揽又不能大而全的原则，针对大企业个性化、复杂的涉税诉求，提供切实有效的帮助。在国家税务总局层面，重点是制订大企业纳税服务规划，协调解决全国性的重大事项；省局及以下层面，在国家税务总局允许的范围内，结合当地实际开展服务工作，创建本土化的大企业服务产品。具体服务内容上，在涉税事项发生前，为大企业提供政策解读、重大涉税政策辅导等服务；涉税事项发生时，提供涉税诉求处理等服务。同时，通过税企合作签订遵从协议、引导大企业建立健全税务风险内控体系等创新型的服务方式，集事前、事中、事后于一体，全面防范涉税风险，提高大企业的自我遵从能力。

二、强化管理，优化大企业纳税服务工作环境

大企业纳税服务作为一项工作，必须加强管理，确保该项工作规范顺畅地开展。结合本国实际情况，建立适合本国的大企业纳税服务工作机制，优化大企业纳税服务工作环境，已经是世界各国的共识。

（一）健全机制，明确服务岗位职责

我国十分重视大企业纳税服务工作机制建设，按照工作事项，逐步建立了许多行之有效的工作机制。例如，针对大企业复杂重大涉税诉求，出于谨慎原则，建立了重大涉税事项协调会议制度，对特别重大或具有行业共性的涉税问题，召开专题会议进行研究，必要时还邀请外部专家参加，帮助纳税人及时解决涉税问题；从纳税人的角度出发，力推国税、地税合作，减少对大企业纳税人的多头打扰，并促进许多复杂涉税问题的一次性解决。还有，自上而下，强调纵向联动，建立大企业涉税诉求快速响应机制，及时受理大企业纳税人的涉税问题，并努力协调推动解决。此外，还有一些地方特色的服务实践。如北京市国税局、地税局针对本市总部企业集中的特点，推出大企业办税绿色通道，涵盖十余项工作内容，受到大企业的一致好评；上海市税务局主动联系第三方政府机构，建立协同服务工作机制，针对大企业的不同涉税诉求，邀请其他机构提供数据等各方支持，以更加快捷地为大企业解决实际问题。这些探索，都取得了一定的成效。

（二）完善制度，规范服务工作流程

规范化、标准化的服务流程不仅有利于大企业纳税人的诉求能够及时得到统一的响应和处理，更有利于大企业税收管理部门内部资源的优化配置，以及执法风险的规避。

国家税务总局发布的《国家税务总局大企业税收服务和管理规程（试行)》（国税发〔2011〕71号），初步明确了"遵从引导→遵从管控→遵从应对→遵从引导"的闭环管理和服务方式。作为税务系统内部工作流程，该文件重在规范各级税务机关（大企业税收管理部门)的工作内容、工作方式，以不断提高税务机关管理效能和企业税法遵从能力。其中，"遵从引导"部分即为大企业纳税服务的理论基础，而后，国家税务总局印发了《国家税务总局关于进一步加强大企业个性化纳税服务工作的意见》（税总发〔2013〕145号），初步搭建了以税企沟通、诉求解决、服务创新、内控建设为主要内容的大企业纳税服务业务体系框架，并提出了一系列具体服务内容。与此同时，我国大企业税收管理部门与时俱进，积极开展调研和理论研究，不断完善现有的工作制度和规范，以适应不断发展变化的大企业税收服务工作环境。例如，国家税务总局与IMF开展项目合作，了解大企业纳税服务的国际最新发展趋势，听取专家对我国大企业纳税服务工作的建议。湖南省国家税务局积极开展其他国家大企业纳税服务课题研究，整理分析了十几个国家的大企业纳税服务工作情况，以更好地推动服务工作开展等。

（三）成效评价，持续改进服务体系

目前，我国将大企业纳税服务工作列为绩效考核的内容，将其融入税务系统全面绩效考核中，根据当年工作安排，提出具体的绩效考核指标，以此促进大企业纳税服务工作任务的完成；但是，尚缺乏更为有效和持久的评价方式。借鉴国际成功经验，我国应从客户满意度、遵从成本、行政效率等多维度对大企业纳税服务工作进行评价并研究提出一整套评价指标体系。

三、丰富内容，建立大企业纳税服务业务体系

提供有针对性的、丰富的大企业个性化服务内容是优化资源配置效率、提高个性化服务效果的根本措施。以大企业纳税人实际需求为导向，立足于解决问题，通过税企双方都能接受的服务手段，才能达到长效管理的目的。

（一）加强沟通，夯实服务基础

我国高度重视与大企业纳税人的沟通互动这一基础性工作，从税企沟通渠道、沟通方式和沟通层级等多方面进行了尝试。建立了大企业联络员制度（大企业数据联络员)，明确联络员的工作职责和工作内容，建立联络员与各层级大企业税收管理部门的工作协调机制，畅通税企沟通渠道，提升服务质量和效率。建立大企业工作小组制度，根据大企业的具体情况和相关工作事项，按行业或集团成立工作小组，研究企业集团组织架构、行业特

点、业务环节，交流税收服务和管理的做法和经验，分析税收工作中的重点和难点问题，探索科学有效的解决方案。建立常态化走访工作机制，保持与大企业的联系，了解大企业生产经营及重大涉税事项变化情况，及时回应大企业提出的涉税诉求，密切跟踪涉税诉求的处理情况。建立税企高层对话机制，结合税收工作重点议题，举办税企高层对话，交流税企双方的观点和情况，增进税务机关对大企业的认知与了解，提升大企业高层对税务工作及税务风险内控体系建设的重视程度，促进税企互信合作。

近几年，我国积极探索运用"互联网+"思维，突破空间和层级的限制，开发税企之间、税务机关各层级之间的移动、实时沟通工具，或多方共用的服务平台，提升税企之间沟通的效率，尽量减少信息多层级传递过程中的衰减。如浙江省国家税务局构建网站、微信、微博、手机app软件四位一体的云服务平台，做好分层次、分重点的税收宣传和政策指导；四川省国家税务局开通的税企网络视频对话系统，具有发布税收政策法规、回复企业涉税诉求、预警企业税收风险、税企高层对话四大功能，将纳税人与主管税务机关一对一联系拓展为税企间多层级立体交流，实现了"足不出户，沟通无限"。

（二）政策确定，抓住服务重点

大企业经济业务活动复杂多变，税法由于其天然滞后性，往往对于许多新型经济业务缺乏明确的适用性解释，一直以来，政策适用确定性和执行统一性，是大企业最本质的需求。

针对大企业集团提出的复杂涉税事项，我国通过重大事项协调会议制度，打通了横向各业务部门的联系，以"一个窗口"对外，统筹应对大企业的涉税问题；通过大企业涉税诉求快速响应机制，实现纵向联动，提升大企业涉税事项的应对质效。日常工作中，以大企业集团或行业为对象，开办"纳税人学堂"或税务沙龙，提前收集企业需求，对涉税重大问题开展研讨和解读；以行业为重点，推出行业税收风险管理指南或指引，以帮助企业防范税务风险等。但是，就具体事项的标准化流程，我国尚有待提升。此外，可以收集、整理大企业疏于税务风险防控而导致权益受损的案例，在保守商业秘密的前提下，汇编发布涉税风险典型案例，发挥反面案例的警示作用和社会舆论的监督作用。

（三）拓展产品，丰富服务内容

大企业的发展日新月异，服务需求也不断变化，因此，大企业税收管理部门应时刻关注大企业的需求变化，创新服务产品和服务方式，以适应不断变化的新形势。

目前，以省级税务机关为单位，遵从协议相关工作正在开展，通过约定税企双方责任和义务引导企业遵从；同时，连续三年在大企业纳税人中开展"便民办税春风行动"，各地因地制宜，先行先试，创新开展了大企业纳税服务工作，涌现出许多好的做法，如江苏国税推出了大企业申报前政策辅导专项服务，通过EMS向大企业发放税收风险提醒，引导大企业对涉税风险进行自我评估和纠正，完善风险内控，既促进了大企业自愿遵从，又提高了管理效率；山西国税开拓大企业税务管理的"互联网+大企业应用"，开发山西省国家税务局大企业集团一户式档案信息系统，利用现有成熟的移动纳税服务平台"e税客"，实现大企业涉税事项通知提醒、涉税咨询及反馈、大企业常见涉税风险剖析及风险防控建议推送、收集纳税人办税意见及建议并适时反馈等功能；青岛国税以开发区为试点，制定了《大企业特定事项预约服务管理办法》，对辖区内大企业全面开展了涉税事项的事先裁定。这些服务品牌的创立和发展，受到大企业的一致欢迎。

随着我国大企业税收管理部门的服务对象扩展到千户集团，税收风险管理模式也在不断地改进，税收环境也发生了一定的变化，原有的大企业纳税服务方式不完全适用，因此，应借鉴国际经验，因地制宜，建立健全更加适合我国大企业税收管理现状的纳税服务体系，创新一批大企业纳税服务品牌或方式：如在全国范围内推广风险提醒服务，实现与大企业税收风险管理的对接；探索试行大企业涉税事项事先裁定制度，以现行税收法律法规为依据，就大企业申请的关于未来可预期的特定事项应如何适用税法予以裁定，提升大企业防控税收风险的能力，推动大企业健全税务风险内控机制。建立健全事先裁定工作流程，完善工作机制，积累工作案例，增强税法适用的透明度和确定性。建立大企业重大事项报告制度，以大企业集团为对象，在大企业拟实施重大战略、企业并购重组等重大事项前，主动向大企业税收管理部门报告相关事项，由大企业税收管理部门评估企业重大事项对税收管理工作的影响，并向企业提出相应的意见建议，建立大企业重大事项工作档案和资料库。

（四）引导遵从，推进企业内控

提升大企业的自我遵从能力，降低税企双方的涉税成本，提高大企业纳税人的满意度，一直是大企业纳税服务的核心工作目标。在大企业自愿的基础上，引导大企业建立健全税务风险内控机制，是提升大企业税法遵从的有效做法。

目前，我国在引导大企业建立健全税务风险内控机制建设方面，也做了许多努力。理论方面，切实加强大企业税务风险内控体系理论研究和实践探索，积极研究大企业税务风险内控制度与大企业整体内控制度结合的路径和方法，国家税务总局组织编写了《大企业税务内部控制框架》，并提交 OECD 税收征管论坛大会秘书处。该框架以企业的管理活动和业务活动为基础，倡导企业把税务风险管理作为公司治理的重要组成部分，建立自上而下的税务风险控制，通过与税务机关建立互信、合作、遵从的关系，构建公平、透明、合作共赢的税务治理体系，提高企业遵从度，有效控制税务风险。实践方面，开展大企业税务风险内控调查和测试有关工作。初步制定了《大企业税务风险内部控制调查表》《大企业税务风险内控测试指标体系汇总表（试行版）》。总局层面，借助全流程风险管理的契机，对大企业开展内控调查工作，出具内控调查报告，积累工作经验。省局层面，各省大企业税收管理部门以行业管理为切入点，选择本地代表性大企业，开展大企业税务内控调查和测试工作。陕西省地方税务局依托信息管税平台，开发了大企业税收内控模块，对企业集团进行抽样测试和评价，并及时通过税企交互平台向企业反馈测试情况，提高了工作质效。广东省国税局、地税局以大企业税务风险内控体系建设为切入点，试点建立大企业税企风险共治体系。该体系由两部分构成：一是税务端。统一明确税务内控管理工作标准和方法，规范各环节业务流程操作，实现对大企业税务风险内控的全面、深度"体检"，初步形成税务部门对企业内控监管、辅导和反馈跟踪的机制。二是企业端税企共同开发 TRD（Tax Risk Defense）系统，将税务机关通过"体检"发现的须重点监控的风险指标嵌入企业端系统，应用信息化手段实现税务风险内控结果的实时监控，将风险管理关口前置到纳税服务环节。最终，通过税务端和企业端"调查—提示—设定 TRD 预警指标—企业应对—定期跟踪反馈"的良性闭环，形成完整的大企业税务风险共治管理体系，实现"内控＋外管"结合的共赢格局。

第四节　强化大企业税收管理人才保障

发达国家从大企业税收管理改革伊始，就在尝试建立与之配套的人力资源管理制度，无论是有序的人才选拔培养还是合理的人力资源调配，都给大企业税收管理工作带来新的活力。因此，在充分考虑我国现阶段主要国情基础上，吸收借鉴发达国家在大企业税收人力资源管理上的先进经验，建立符合税收管理现代化要求的大企业人力资源管理制度十分必要。

一、注重人才选拔培养

人才的选拔引进和培养提升关乎整个大企业税收管理人才队伍的素质，是强化大企业税收管理人才保障的关键。

（一）拓宽视野，加大人才选拔引进力度

我国大企业税收行业服务与管理工作开展以来，尽管已经在国家税务总局层面建立了大企业税收领军人才、行业人才库，在基层建立了专业人才团队，以适应日益繁重的工作需要，但在数量及质量上还不能满足工作需求。因此，必须加强人才选拔力度，发挥行业专家、企业高管、中介人才等各方力量，提升大企业税收服务与管理水平。

1. 明确标准，加强人才选拔力度

随着我国大企业税收服务与管理改革的推进，亟须在全国各级大企业税收管理部门建立一套科学、高效的人才选拔机制，为大企业税收服务与管理发展提供更多的人力资源保障。明确选拔标准，吸收具有会计、管理、经济、法律等专业背景的人员充实到大企业税

收管理岗位，对于获得注册会计师、税务师、律师等资格证书的人员采取组织推荐方式内部调配到大企业税收管理岗位。丰富选拔方式，采取考试、实践演练、组织推荐相结合的方式，进行定量和定性测评，打破部门、年龄、层级限制，吸收更多优秀人才到大企业税收管理队伍中来。

2.拓宽渠道，外聘专家人才

我国大企业税收服务与管理工作，可在发挥自身人才优势的同时，考虑外聘大专院校、行业协会、中介机构的专家人才，组成大企业税收管理顾问团队，通过合作、外包等方式，开展大企业税收管理技术手段研发和相关项目研究，提升大企业税收服务与管理水平。

（二）注重实效，完善人才培养机制

近年来，我国大企业税收管理部门教育培训得到强化。国家税务总局举办了处长培训班、大企业专业人才库培训班和千户集团税收风险分析工作培训班。各地也根据实际采取多种形式开展专项培训，干部队伍专业水平得到了提升。但是，还不能完全满足日益复杂的大企业税收管理工作的需要。为了不断提高大企业税收管理人员的职业技能，大多数国家制定了完整的大企业税收管理人员培训和实践机制，旨在培养素质高、能力强、善作战的管理团队，对我国大企业税收人才培养具有一定借鉴意义。

1.制订培训计划

大企业税收管理专业人才培养需要很长一段时期才能见成效，我国各级大企业税收管理部门应在每年年初制订培训计划，明确培训目标、时间、对象，细化培训方案，进一步提升培训的针对性。在全国范围定期召开研讨会，就目前风险分析和经济分析、数据管理、信息化建设等前沿问题展开富有成效的讨论，以此培养干部分析问题的能力，调动干部学习、钻研业务的积极性。

2.丰富培训内容

考虑到大企业税收服务与管理工作涉及行业知识广、综合性强，因此，我国各级大企业税收管理部门在规划培训课程时既要充分包括法律、财会、计算机、审计等各专业内容，也要拓展经济、管理、心理学等多学科领域。培训的内容不能过于理论化，要紧密结合工作实际，真正做到学以致用。并且，根据大企业税收管理工作的特点和岗位需求，实施分级分类分行业培训，不断提高大企业税收管理人员的知识、技能水平和团队素养。

3.拓宽培训路径

我国大企业税收管理培训应依托各大高校、培训机构、会计师事务所等专业机构，制定培训课程、选取优秀师资开展培训。通过采取与企业合作交流的方式，选派税务干部到大型企业、中介机构实践，学习行业经营流程和管理特点，掌握企业基本业务性质、组织架构和运转环节，增强对企业的了解，提升服务与管理水平。

二、合理调配人力资源

世界上所有设立大企业税收管理部门的国家，都为大企业税收管理部门配备了充分的人力资源，开展大企业税收服务与管理工作，确保大企业纳税人的税法遵从。各国的实践经验表明，合理调配人力资源应以专业化团队管理模式为依托，充分发挥专业人才优势，提升大企业税收服务与管理的效率。鉴于此，我国大企业税收服务与管理改革需要加强人才的集约化管理，合理调配人力资源。

（一）优化人力资源配置

近年来，我国大企业税收管理部门专业人员得到有效充实，广东、重庆、湖南、广西等相当部分省市国税局根据改革要求，及时调整征管力量，充实大企业税收管理部门人员。陕西国税、内蒙国税、河南地税、宁波地税等专门调剂征管分局用于专题风险分析。目前，各地大企业税收管理部门新增多名专业干部，大大增强了风险分析力量，为有效提高大企业税收服务与管理质效，全国各级大企业税收管理部门应进一步加强人力资源配置，按照分级分类管理要求，不断充实大企业税收管理专业化人才队伍，实现税收管理资源与千户集团税收管理工作要求相匹配。要加强上下联动，从基层税务部门选派优秀人才到总局或省、市级大企业税收管理部门进行实践锻炼，充分释放"高精尖"人才的管理经验和专业优势，同时，在信息技术和财力保障等方面给予大力的支持。

（二）提升团队管理水平

针对大企业内部税收管理集团化、人才集约化的需求，世界主要国家纷纷组建大企业税收管理团队与之应对，并采取先进的管理模式提高团队效能，这为我国大企业税收服务与管理团队建设提供了很好的参考。

1.组建专业化工作团队

目前，我国国家税务总局大企业税收管理司已经在这方面进行了一些探索。承担大企业税收风险分析工作的机构主要按行业设置内部科室，但仅涵盖风险分析这一单独工作环节，还需要进一步扩展。各地大企业税收管理部门应遴选各类优秀人才，以工作事项或行业管理为重点，建立各级大企业税收管理专业化工作团队，主要开展涉税诉求的研究分析、专题调研、税收政策评估、专项内控调查和遵从报告编写等工作。专业化工作团队应融合法律、会计、管理等各专业人才，强化以老带新，必要时聘请外部专家参与，充分发挥团队优势，形成工作合力。

2. 强化团队管理

我国大企业税收管理部门应通过建立科学的管理制度，优化团队管理手段，加强上下联动、明确工作方式、细化考核标准，使团队管理有章可循。以项目和事项为平台，合理安排团队使用，建立团队成员动态流动和交流机制，1～2年进行一次人员轮换。团队成员工作成果采取积分制，设置各项工作计分指标，根据每年开展的工作项目形成累计分数，科学考量每位成员效能的发挥。对大企业税收管理优秀人才在职级、职务晋升上适当予以倾斜，充分调动大企业税收管理人才的积极性和创造性，有效发挥人才作用，增强人才获得感。同时，在团队的使用上充分考虑区域分布和团队成员成长，利用现有的信息数据，减少不必要的开支，降低团队运行成本。

（三）发挥人才专业优势

近年来，我国各级大企业税收管理部门进一步发挥专业人才优势，以千户集团风险分析为平台，汇集多批次专业人才参与大企业税收风险分析工作，在风险指标校验、数据采集加载、经济分析等重大工作中既锻炼了队伍，又提升了工作质效。在今后的大企业税收管理与服务工作中，建议"因才施策"强化专业人才队伍建设，如建立有财会、经济、税收等特长的人才队伍专注于风险分析、风险应对及经济分析工作；有计算机程序开发特长的人才队伍专注于数据管理、信息化建设；有法律特长的人才队伍重点把握税法的适用和政策的解读等，从而进一步发挥各类专业人才的优势，不断提升我国大企业税收服务与管理工作效能。

参考文献

[1] 王作君.企业税务风险管控与策划从入门到精通 [M].北京：机械工业出版社，2020.

[2] 庄粉荣，李汉柱.企业纳税实务及风险管理 [M].北京：中国铁道出版社，2020.

[3] 栾庆忠.值税发票税务风险解析与应对 [M].北京：中国人民大学出版社，2020.

[4] 彭怀文.企业所得税实务与税务风险管理 [M].北京：中国铁道出版社，2020.

[5] 董根泰.税务管理 [M].北京：清华大学出版社，2020.

[6] 刘海湘.企业税务风险识别、分析与评价操作实务 [M].北京：中国财政经济出版社，2020.

[7] 张晓华.税务稽查与税务风险管理研究 [M].北京：中国商务出版社，2019.

[8] 罗威.中小企业税务风险分析与控制 [M].广州：暨南大学出版社，2019.

[9] 申嫦娥，张雅丽，刘明.税务筹划 [M].西安：西安交通大学出版社，2019.

[10] 杨荣军，田媛媛.营改增背景下税务会计理论与实务探析 [M].长春：吉林大学出版社，2019.

[11] 王桦宇.税务实操管理与风险防控大全 [M].北京：企业管理出版社，2019.

[12] 李海鹏.新税法下企业纳税筹划与风险防控 [M].北京：中国铁道出版社，2019.

[13] 胡国强.企业税务风险管理研究 [M].成都：西南财经大学出版社，2019.

[14] 曹凯.企业税务风险管理研究 [M].北京：中国商业出版社，2019.

[15] 黄棕生."金三"下的税务风险预警与税务体系建设 [M].北京：经济管理出版社，2019.

[16] 罗威.中小企业税务风险管理研究及应用 [M].广州：暨南大学出版社，2019.

[17] 李欣.企业税务管理 [M].北京：中国财政经济出版社，2019.

[18] 崔荣喜.企业纳税全程指引及风险防范 [M].北京：中国法制出版社，2019.

[19] 赵涛.中国税收风险管理体系研究 [M].北京：经济科学出版社，2019.

[20] 应小陆，赵军红.普通高等院校金融理财系列教材税务筹划 [M].3 版.上海：复旦大学出版社，2018.

[21] 李彩娥.企业所得税实务与风险审核 [M].上海：立信会计出版社，2018.

[22] 余静，吕伟.税收风险管理理论模型与实践应用 [M].上海：立信会计出版社，2018.

[23] 马泽方．企业所得税实务与风险防控 [M].2 版．北京：中国市场出版社，2018.

[24] 查金莲．企业税务风险及内控研究 [M].延吉：延边大学出版社，2018.

[25] 刘彩霞，宋燕．税务会计实务 [M].4 版．沈阳：东北财经大学出版社，2018.

[26] 张海涛．中小企业税务与会计实务 [M].北京：机械工业出版社，2018.

[27] 宋昌英．施工企业税务管理与核算 [M].北京：中国电力出版社，2018.

[28] 姜敏．税收优惠政策及风险管理 [M].北京：中国财政经济出版社，2018.

[29] 谢德明．企业税收风险管理理论与实务研究 [M].北京：中国水利水电出版社，2018.

[30]徐爱水，丁小团.特别纳税调整执法风险防控理论与实务[M].北京：法律出版社，2018.

[31] 梁富山．上市公司限售股涉税风险分析 [M].北京：中国税务出版社，2018.

[32]王威然.企业税务风险的成因、识别与评估研究[M].北京：北京理工大学出版社，2017.

[33] 赵卫刚，王坤．"走出去"企业税务指南：政策解读 税务筹划 风险管理 [M].北京：中国市场出版社，2017.

[34] 何正华．税收风险防范指南 [M].北京：中国税务出版社，2017.

[35] 杨荣军，徐勤.税务会计及纳税筹划理论与实务研究[M].北京：中国商务出版社，2017.

[36] 邵凌云．税收风险管理理论与实务 [M].北京：中国税务出版社，2017.

[37]郭洪荣，文进，孟佳.企业税收风险防控与评估指引[M].上海：立信会计出版社，2017.

[38] 黄凤羽，李颖，王晓雪．税务会计与税收筹划 [M].北京：人民邮电出版社，2017.

[39] 盖地，张雅杰，卢强．税务筹划 [M].6 版．北京：高等教育出版社，2017.

[40] 姚伟君．土地增值税政策解析和税务筹划 [M].成都：四川民族出版社，2017.

[41] 王铭远．跨国并购涉税风险规避策略 [M].海口：南方出版社，2017.

[42] 尚可文．税收征管模式改革与创新 [M].重庆：重庆大学出版社，2017.

[43] 王忖．税务会计与纳税筹划 [M].3 版．北京：北京理工大学出版社，2017.

[44] 索晓辉，汪华亮，邢铭强．企业税务筹划与案例解析 [M].3 版．上海：立信会计出版社，2017.